데이비드 리드베터의
최종연습

데이비드 리드베터의
최종연습

삼호미디어

POSITIVE PRACTICE by David Leadbetter
ⓒ David Leadbetter 1997
Korean translation copyright ⓒ 1999
by SAM-HO MEDIA PUBLISHING CO.
The Korean translation rights arranged with HarperCollins Publishers, London.
through Eric Yang Agency, Seoul.

차 례

머리말

제1장 더 나은 게임을 위한 탐색
연습 : 세 가지 연습을 하나로 18
사실과 상징 : 어떻게 자신의 게임을 조절하는가? 26
중요 기술 연습 30

제2장 중요 레슨과 연습 기술들
게임을 망치는 진부한 생각들 37
기본 레슨 39
몸통 연습 방법 46
팔, 손 그리고 클럽 48
연습 기술들 : 비디오 이용하기 60

제3장 롱 게임
기술의 습득 70
연습 82
일반적인 잘못의 간단한 교정 88

제4장 쇼트 게임 기술
퍼팅 102
치핑 112
피칭 120
샌드 플레이 126

제5장 실전 훈련
게임에 대한 긍정적인 마음 가짐 140
골프를 위한 적응 155

만약 당신이

골퍼로서

성공하고 싶다면,

골프의

올바른 방향을

세워 줄 유능한 선생님을

찾아야 합니다.

당신의 목표를

분명히 하고

그것을 이루기 위한

과정을

이해하십시오.

그리고 그 과정에서

즐거움을 찾도록

노력하십시오.

머 리 말

나는 일하는 시간의 대부분을 연습장에서 보낸다. 연습장은 언제나 매력적인 사무실이 아닌, 잘 자란 잔디로 둘러싸여진 아름다운 경치를 선택한다. 연습장은 스윙의 기본과 그것을 배우는 과정에 흥미를 가진 사람들에게는 더할 나위 없이 좋은 곳이다. 나는 학생들이 발전하는 것을 볼 때 커다란 만족감을 느낀다 - 초보자가 이제 막 공중에 볼을 날리기 시작할 때나 좀더 수준 있는 골퍼가 새로 익힌 스윙으로 좋은 플레이를 펼칠 때 말이다. 골프를 배우는 과정에 대한 관찰과 골프 연습에 대한 헌신 등이 내가 이 책에 특별한 정열을 보인 이유이다.

세계의 많은 사람들이 점점 이 멋진 게임에 대한 환상과 미스터리에 빠져들고 있다. 하지만 아직도 평범한 사람들의 실력은 몇 년 전과 비교해 봤을 때 큰 차이가 없다. 평범한 실력의 90타 중반을 치는 골퍼는 운이 좋은 날은 투 온이나 쓰리 온을 하기도 하지만 벙커에 대해 심한 공포감을 가지고 있기도 하다. 또한 퍼팅 횟수를 줄이기 위해 각고의 노력을 다한다. 안됐지만 이 모든 것이 우리의 현실이다.

이러한 사실이 많은 사람들을 놀라게 하지만 나는 별로 놀라지 않는다. 나는 이러한 사실에 대한 많은 증거들을 보아 왔기 때문이다. 이번 주말에 골프장에 가서 당신 주위를 잘 살펴보면, 티 오프 전에 퍼팅 연습을 하거나 워밍업할 시간이 없어 허둥대는 골퍼들을 볼 수 있을 것이다. 당연히 그들은 처음 몇 홀을 망치고도 후반 9홀에서는 성공을 거두는지 의아해 한다.

연습장에서만 연습하는 이들은 항상 좋은 성적을 내지는 못한다. 많은 사람들이 드라이버를 잡고 펜스로 공을 날리기 전에 짧거나 중간 정도의 아이언으로 간단히 몸을 푸는 워밍업을 생각한다. 좋은 스윙을 하기 위해서는 시작하기 전에 충분한 연습을 하는 것이 가장 중요하다.

더 나은 게임을 하기 위한 방법을 생각하기

좋은 골프는 현명한 골프이고, 경기 중과 경기 후를 모두 포함한다. 성적이 떨어졌을 때 게임을 분석하고 연습장에서 잘못된 부분을 수정하려는 생각을 한다고 해서 항상 좋은 성적을 유지하는 것은 아니다. 거기에는 장애가 있다. 당신의 목표가 어느 정도인지간에 규칙적인 연습을 통해 기술을 발달시키기 위해 노력하고 이를 위해 일정한 시간을 투자하지 않는다면 실력 향상은 기대하지 않는 것이 좋다.

◀ 일본에서는 골프 코스에 나가기 힘들고 상당히 비싸다. 연습은 운동의 범주에 포함되고, 도쿄에서는 그림과 같이 여러 층의 연습장이 일반적이다. 대부분의 골퍼는 만약 그들이 운이 좋다면 일년에 한두 번 서보게 될 필드에서의 자세로 연습에 열중한다.

올바른 연습을 하기 위해서는 상식적인 수준의 것보다는 더 많은 것이 필요하다. 내가 새로운 학생을 가르칠 때 가장 먼저 하는 일은 그 학생의 자세를 면밀히 살피는 것이다. 그리고 나서 게임의 특수한 측면에 대해 이야기해 준다. 연습장 밖으로 나가서 볼을 칠 때의 일반적인 기준과 그들이 경험했을 여러 문제들, 남은 여러 게임들과 관계가 깊은 쇼트 게임 기술의 능력 등을 머릿속으로 정리하게 한다. 이것은 나에게 많은 주의가 필요한 문제의 근원을 알려줄 뿐만 아니라 플레이할 때 그들에게 확실한 관점을 제공한다. 그리고 그들에게 언제나 중요한 실제적인 연습의 목표를 갖게 한다.

이러한 연습은 매우 중요하다. 만약 당신이 이 책을 잘 활용하려면 게임에 들어가기 전에 자기 분석의 과정을 다루고 있는 처음 부분을, 충분한 시간을 가지고 공부해야 한다. 특별한 기술을 익히기 위해 노력하고, 나아진 점을 기록하면서 새로운 패턴을 시도하는 것 이외에는 당신의 실력을 빠르게 향상시킬 방법은 없다. 오래된 실수를 반복하면서 볼만 때리는 것보다는 목적을 가지고 연습을 시작하는 것이 훨씬 낫다.

당신이 70타 정도를 치는 싱글 핸디캡 골퍼이거나 100타를 깨기 위해 안간힘을 쓰는 초보이건 간에 피칭, 치핑, 벙커샷, 퍼팅 등의 쇼트 게임에서는 주의해야 한다. 18홀에서 반 이상의 샷이 홀컵 100야드 안에서 이루어진다. 그러므로 최소한 연습 시간의 반 이상을 쇼트 게임 기술 연마에 할애해야 한다.

세 타 혹은 네 타수를 두 타수로 줄이는 것만큼 중요한 것은 없다. 편안한 느낌으로 유연한 스윙을 할 수 있기까지는 꾸준한 연습과 인내심이 필요하다. 일반적으로 볼을 때리는 능력을 향상시키는 데는 시간이 필요하다는 것을 인정해야 한다. 쇼트 게임 연습을 열심히 함으로써 얻게 되는 정돈된 몇 개의 샷이 분명 당신의 스코어를 빠르게 줄여줄 것이다.

"프로 골퍼들이야 매일 연습을 하니까 괜찮지만 나는 영 시간이 없어서...." 이런 소리를 자주 듣는다. 시간은 중요한 요소이다. 그 점에 대해서는 의심하면 안 된다. 하지만 시간이 부족하다면 연습을 아주 효율적으로 한다든지, 자투리 시간을 최대한 활용하는 방법도 있다. 이 책의 뒤쪽에는 연습 시간을 제한하고 구성해 놓은 여러 개의 연습 예정표를 볼 수 있다. 당신의 약점을 한번 살펴보고 게임에서 특정한 부분을 발전시키기 위해 이 책을 적극 활용해 보자. 당신을 위한 별도의 훈련표를 만들고 당신이 이용할 수 있는 조금의 시간이라도 연습에 사용하자. 연습을 좋아하는 골퍼도 있지만, 대다수 골퍼들은 단지 라운딩하는 것만을 즐긴다. 그러나 나는 이 책에서 당신을 개인적으로 만족할 수 있게 두 경우를 모두 다 다룰 것이다.

만약 당신이 좋은 시설들 예를 들어 특정한 목표물이 있어 연습하기 편하고, 공을 치기 좋은 표면, 거리 측정을 위한 거리 표시기, 잘 관리된 쇼트 게임을 위한 연습장 등을 이용할 수 있다면 훨씬 좋을 것이다. 당신은 많은 시설들 중의 한 부분을 개인적으로 사용할 수 있고, 연습장 밖에서 좋은 시간을 가질 수 있다. 골퍼 중에 어떤 이들은 좀더 창조력을 발휘하도록

▶ 젊은 스웨덴 골퍼들은 유난히 배움과 발전에 대해 열정적이고, 그들이 할 수 있는 한 최고의 길을 만드는 데 연습의 초점을 맞춘다. 열성적인 연습생들은 자기 발전을 중요하게 생각하는 환경에서 자란다 - 스톡홀름의 멋진 연습장에서.

도와주는 마음의 여유를 갖고 있지 못하다. 이런 마음의 여유는 여러 가지 거리에서 당시만의 목표를 설정하고 시합을 위한 연습방법을 만들 수 있다. 혹은 이러한 연습과 실제로 볼을 치는 것 이외에 집에서도 할 수 있는 훈련에 깊게 집중할 수도 있다. 이러한 모든 선택들이 이 책 안에 있다.

　실력을 향상시키는 가장 이상적인 방법은 신뢰할 만한 훌륭한 선생을 구하는 것이다. 그리고 수업에 투자해야 한다. '아마추어가 가르친 아마추어는 아마추어 같은 게임을 한다'는 속담을 상기하며 여러분의 친구가 하는 충고를 단순히 믿지 않도록 한다. 이 속담은 자격을 갖춘 지도자는 당신이 일반적인 함정에 빠지지 않도록 해주고, 게임의 즐거움과 연습 시간의 효율성을 이해하는 것을 도와준다는 의미이다.

　낮은 스코어를 기록하는 데는 지름길이 없으며 힘든 훈련을 결심해 주는 대리인도 있을 수 없다. 물론 어떤 사람들은 다른 사람들 보다 많은 것을 원한다. 미국 아마추어 대회에서 5번 우승한 프랭크 스트라나한은 배의 갑판에서 샷을 했고, 이렇게 연습한 그는 1948년 영국 아마추어 대회에서 우승했다. 우리는 모두 다르다. 그러나 골프를 할 때는 골프보다 더 좋은 것은 없고, 단순히 공을 치는 것만으로도 매우 즐겁다. 더욱 전율을 느끼게 하는 것은 여러분은 게임 중에 절대로 흐트러지지 않는다는 사실이다. 나의 바램은 이 책의 모든 페이지를 통해서 실력 향상을 위한 여러분 자신의 동기와 정확한 게임의 수행 방법을 찾았으면 하는 것이다. 그 과정 중에 많은 즐거움이 있기를 바란다.

데이비드 리드베터

◀ 오늘날에는 연습 시설이나 장소가 변화한 도심 속에 있는 경우가 많다 - 시카고 중심가의 연습장.

1

더 나은 게임을 위한 탐색

더 나은 게임을 위한 탐색

내가 가르치는 대부분의 골퍼들이 그들 자신의 자질에 대해 평가해 달라고 하면 나는 연습의 중요성에 대해 말해 준다. 그들 대다수는 선생의 지도로 초보자의 실력에서 싱글의 실력으로 향상된다. 나머지 골퍼들은 이미 그 실력을 능가한다. 그들에게 골프는 진지한 것이고 가끔은 그들을 괴롭히는 것이며 그들의 사업이기도 하다.

그들에게 필요한 것은 방향에 대한 감각이다. 그들은 좋은 기술의 중요 부분을 간결히 설명해 주고 그들이 갖고 있는 특별한 경향과 그들의 스윙을 이해하는 것을 도와줄 사람이 필요하다. 이런 지도자는 그들의 게임 점검의 중요성을 일깨워 주고, 필드에서의 자세를 분석함으로써 연습 시간을 좀더 효과적으로 이용할 수 있도록 도와준다.

연습장이 아닌 실제 필드에서는 그들의 연습을 관찰한 믿을만한 검토 자료 그리고 일상적이고 규칙적인 훈련과 좋은 스윙의 느낌을 잡을 수 있는 훈련이 필요하다. 이러한 것들로 그들의 실력은 빠르게 향상된다. 이것이 진정한 지도자의 역할이다. 그리고 직접 가르치지는 못하지만 이 책에서의 나의 생각은 나의 모든 학생들에게 가르치는 것과 같은 동기와 능력을 당신에게 제공할 것이다.

당신은 평범한 실력의 그저 그런 골퍼가 되기를 원하지 않을 것이다. 하지만 당신은 게임을 화려하게 해주는 기술도 없고 좋은 스윙을 연습할 시간도 충분하지 않을 것이다. 그러나 만약 당신이 좋은 골퍼가 되고자 다짐했다면 그것은 가능한 일이다. 이 모든 것에는 약간의 상식과 앞선 생각이 필요하다. 어떠한 것보다도 좋은 골프란 바로 마음의 틀에 의해 좌우된다.

정말 모든 연습의 개념은 무엇인가? 백과사전을 찾아보면 거기에는 훈련, 연습, 숙달, 준비, 리허설, 반복, 연구 등 수많은 정의들이 나열되어 있다. 최소한 그들이 수행해야 할 의미 있는 말들이 골퍼의 사전에는 기록되어 있는 것이다.

핸디를 줄이기 위해서 가끔 주말에 몇 개의 볼을 치는 것만으로는 실력 향상을 기대하기 어렵다. 그리고 무조건 때리고 실수를 반복하는 연습은 별로 효과적이지 못하다. 물론 이런 연습을 통해서도 어떤 특별한 것을 발견할 수도 있지만 그것은 쉽게 잊혀진다. 진정한 고민 없이는 자신의 연습 과정이 무엇을 위한 것인지 모르게 되고 게임은 안정감을 잃게 된다.

이것을 훌륭한 골퍼의 버릇과 비교해 보면 영리한 골퍼는 게임 중에 자신의 자세를 연습할 때의 자세와 비슷하게 하려고 노력한다. 그리고 게임 중에 자신의 약점과 타구거리를 알고 있기 때문에 주의가 필요한 부분에 집중하고, 게임의 효과적인 계획을 만든다.

이러한 분석의 과정과 자기 평가는 자기 결점에 계속 빠지는 평범한 골퍼와 합리적인 목표를 가지고 기본적인 게임을 통해 점차적으로 발전하는 골퍼와의 명백한 차이점인 것이다. 자신의 게임을 평가하는 것은 자기 사업을 평가하는 것과 같다. 즉 자신의 장점과 단점을 여러 가지 각도에서 보아야 하며 합리적인 평가를 내려야 한다. 그러나 이러한 평가를 내리기 전에 나에게 독특한 세 가지 형태의 연습을 규정하고 설명할 수 있는 기회를 주었으면 한다.

연습 : 세 가지 연습을 하나로

여기서의 모든 부분은 골퍼의 게임 준비를 돕기 위한 정신적인 면과 육체적인 면을 연습하는 데 중점을 두고 있다. 그래서 나는 무엇을 다룰 것인지를 정확히 얘기할 수 있고 이는 세 가지 독특한 수준의 연습으로 세분화된다 (1) **시합 전의 워밍업** (2) 연습장에서의 **기술적인 연습**. 여기서 당신의 스윙에 대하여 자세히 다룰 것이다. (3) 수많은 **정신적 리허설 기술**. 이것은 게임에 도전하기 위한 마음을 훈련시키는 데 도움이 될 것이다 - 이를 정신적 게임이라고 부른다.

또 다른 측면에서 네 번째 연습이 있는데 이것은 플레이 중에 알맞게 유지되어야 할 사항들인 장타를 날리게 하는 특정 근육들의 강화 훈련과 연습과 시합 중에 어떻게 휴식을 취할 것인가를 배우는 것이다. 실력을 향상시키는 가운데 몸과 마음의 건강과 활력을 얻을 수 있다. 현대의 프로 골퍼들은 육체적인 강화와 정신적인 안정을 위해 특별한 방법으로 연습한다. 당신은 이것을 골프 교육의 새로운 방향으로 여길 것이다 - 제5장에서 이에 대해 자세히 다룰 것이다.

일반적으로 실력을 향상시키기 위한 골퍼들의 강한 의지에도 불구하고 연습 과정에는 연습의 효율성을 떨어뜨리는 요소가 있다. 정신을 집중하고 오직 한 마음으로 연습에 열중하는 벤 호건은 그의 팔이 더 이상 움직이지 않을 때까지 연습하는 것으로 유명하다. 물론 이것은 우리들 모두를 위한 연습 방법으로는 적당하지 않다.

1945년으로 돌아가 보면 전설적인 골퍼, 바이런 넬슨이 놀라운 실력으로 단기간에 PGA 투어에서 11번째 우승하던 것이 생각난다. 그때 그는 자신의 스윙이 시합 전의 워밍업을 위한 스윙인 것처럼 느끼고 있었다. 그는 너무 많은 연습을 해서 자신이 갖고 있는 좋은 느낌을 잃지는 않을까 걱정했다. 철저한 기록자이고 사실과 형태를 중요시하는 바이런의 성격은 흥미로운 점을 제시한다. 그는 그의 모든 게임을 세밀히 기록했고 연습할 때 어디에 주안점을 두어야 하는지를 알고 있었다.

하지만 이러한 재능은 아주 드문 것이다. 따라서 나는 당신이 실력을 향상시키기 위해서는 내가 앞에서 언급한 세 가지의 연습을 네 번째의 시도도 약간 포함해서 하나로 만들어야 한다고 생각한다.

워밍업 : 플레이를 위한 준비

좋은 스윙을 하기 위해서는 골프를 시작하기 전에 충분한 연습을 하는 것이 가장 중요하다. 첫 홀 티잉 그라운드에 들어섰을 때 자신의 능력을 최대로 발휘할 준비가 되지 않았던 경험이 있을 것이다. 아마 몇 홀이 지난 후에야 좋은 게임을 할 수 있었을 것이다. 그러나 처음 몇 홀이 지난 후에야 자기 스윙에 이상한 점이 있다는 것을 알 것이다. 그러나 이 이상함은 성적에는 그다지 영향을 미치지 않을 것이다.

워밍업이란 경기를 앞두고 몸을 유연하게 하고 좋은 느낌을 갖게 하는 모든 행동을 지칭한다. 나는 대부분의 골퍼들에게 20~40분 정도 어느 곳에서나 일상적으로 할 수 있는 연습을 스스로 고안하도록 가르친다. 먼저 잠시 스트레칭을 하고 좋은 스윙에 필요한 근육들을 워밍업시킨다. 여기에는 수많은 방법들이 있고 이 책을 읽는 동안 여러 가지 대안들을 발견할 수 있을 것이다. 그러나 가장 빠르고 효과적인 연습은 일러스트로 설명하고 있는 회전 연습이다.

편안한 자세로 어깨를 가로지르도록 클럽을 잡는다. 그리고 회전 동작을 연습한다. 어깨를 90°로 회전한다는 것을 잊지 말자. 여기서 중요한 것은 몸의 각도를 유지하는 것이다 - 특히 당신의 회전 각도 - 회전할 때 몸의 무게는 오른쪽 허벅다리로 이동해야 하는데 수직으로 끝나는 곳은 일직선형태를 만들기 전에 임팩트 전의 상태로 돌아오는 것을 반복한다. 이러한 연습을 5~10회 정도 반복한다. 만약 당신이 유연성이 부족하다면 클럽을 등 뒤에서 팔꿈치 사이에 끼고 회전하는 연습을 하는 것이 좋다.

긴장을 푸는 또 다른 연습은 두 개의 클럽을 잡고 느린 동작으로 스윙 연습을 하는 것이다. 일반적으로 양 손으로 클럽을 잡고서 회전하여 클럽 헤드의 느낌을 이용

하는 것이다.
탄력적인 고무 밴드처
럼 팔과 몸통의 근육이 늘어
나는 것을 느껴야 한다.

  준비가 다 되었다고 느껴지고, 스윙하기에 충분할 정도로
긴장이 풀렸으면 볼을 몇 개 쳐본다. 이때 모든 클럽을 다쳐볼 필요
는 없다. 목표를 정해 웨지나 샌드 아이언으로 가능한 한 볼들이 한 곳에 모일 수 있도록 노
력해야 한다. 계속해서 9번, 7번 아이언 순으로 연습한다. 마지막으로 3번 우드로 몇 개의 볼을
친 다음 드라이버 연습으로 넘어간다. 그러나 긴 클럽으로 너무 많은 연습을 하는 것은 좋지 않
다. 왜냐하면 드라이버 샷의 경우 볼을 멀리 날리기 위해 몸에 지나친 힘이 들어가는 경우가 많은
데 이것은 게임 전의 리듬에 많은 영향을 미친다. 만약 당신이 이런 상황이라면 짧은 아이언 스윙
으로 돌아가거나 발을 붙인 상태에서 스윙하는 연습을 해야 한다 -.이것은 좋은 리듬을 쉽게 찾
을 수 있는 유용한 훈련이다.

  이러한 워밍업이 스윙의 변화나 기술의 습득에 중요한 영향을 끼치는 것은 아니라는 점을 강조
하고 싶다. 가장 좋은 전략은 편안한 마음가짐으로 좋은 템포를 지속시키며 게임을 하는 것이다.
당신은 스윙할 때의 자세를 연구하고, 연습할 때의 자세로 게임에 임해야 한다. 이것이 바로 황금

연습 : 세 가지 연습을 하나로   21

률이다. 만약 연습할 때 볼을 제대로 치지 못한다면 그것이 바로 필드 밖에서 연습해야 할 부분이다. 볼이 홀컵의 오른쪽으로 날아갈 때 머리만 긁적일 것이 아니라 목표를 홀컵의 왼쪽으로 삼고, 공중에서 볼이 알아서 하도록 지켜보아야 한다. 스윙의 워밍업을 끝낸 다음 적어도 10분 정도는 쇼트 게임 연습을 해야 한다. 모래의 형태와 무게를 느끼기 위해 몇 개의 벙커에서 볼을 날리는 연습을 항상 해야 하고 그린 상태를 알 때까지 몇 번의 칩 샷을 연습하는 것이 이상적이다. 마지막으로 퍼터를 가지고 9~12미터 거리에서 퍼팅 연습을 해야 한다. 마치 당신이 홀컵과의 일직선상으로 퍼터를 흐르게 하는 것처럼 리듬과 템포를 가진 타법으로 연습해야 한다. 각각의 볼들이 홀컵에 가까이 붙도록 노력해야 한다. 이러한 짧은 거리에서의 퍼팅 연습은 실제 게임에 임했을 때 플레이에 자신감을 준다. 이러한 것들이 게임 전에 필히 해야 할 기본적인 연습이다.

▲ 일반적으로 완벽한 워밍업은 20~30분 정도의 시간이 소요된다. 만약 시간이 더 있더라도 드라이버로 볼을 치는데 시간을 낭비하면 안 된다. 그린에서의 연습이나 쇼트 게임 기술의 연마에 이 시간을 사용해야 한다. 만약 워밍업을 충분히 하지 않고 경기를 했을 때 실력이 제대로 발휘되지 않아도 놀라지 말자.

심도 있는 연습 : 발전, 체계화

골프의 매력은 항상 변화한다는 것이다. 하지만 유감스럽게도 당신은 스윙에 대한 일정한 생각을 가질 수 없으며 이는 영원히 계속 유지된다. 그리고 똑같은 시합을 반복할 수도 없다. 골프는 그렇게 간단한 스포츠가 아니다. 어느 날 당신은 좋은 게임을 할 것이다. 하지만 당신이 그 행운의 찬스를 알아채기도 전에 행운은 사라질 것이다. 옛말에 "좋았어, 해냈어, 잃었어"라는 말이 있다. 이것은 골프에서 우리가 느끼는 모든 좌절감을 모은 말이다.

항상 변화하는 날씨와 코스의 상태는 퍼즐보다 훨씬 더 복잡하다. 돌풍이 부는 상황에서는 효과적인 범위 내에서 스윙과 타격이 이루어져야 하는데, 이러한 조절을 위해서는 어느 정도의 노력이 필요하다. 특수한 언덕 코스나 고리 형태의 코스와 초원지대의 코스 사이에 위치했을 때도 마찬가지이다. 특별한 적응이 요구되는 것이다 - 볼을 치는 연습뿐만 아니라 자신의 샷을 마음속으로 그려보는 것 그리고 티로부터 홀컵까지의 전략을 세우는 것 등을 말한다.

쇼트 게임과 퍼팅 기술은 꾸준히 연습해야 한다. 벙커의 모래는 어떤 날은 젖어서 단단하고 어떤 날은 부드럽고 가볍다. 또 모래의 종류도 다양하다. 그렇기 때문에 당신은 벙커에서의 기술을 항상 연습해야 하며 벙커에서 쉽게 벗어나는 느낌을 갖기 위해 계속 반복적으로 연습해야 한다. 이것은 주말 골퍼들에게는 드문 예이다. 그린이 일반적으로 일정한 성질을 유지하고 있는 동안은 벙커에서의 게임 능력과 내용은 굉장히 좋아진다. 프로 골퍼들은 모래에 알맞게 적응하는 방법을 알고 있고 다양한 종류의 바운드를 만들어 내는 두세 개의 각기 다른 샌드 아이언을 가지고 다닌다.

대부분의 골퍼들은 자기에게 익숙한 코스에서 주로 게임을 한다. 그러나 유능한 골퍼가 되기 위해서는 여러 가지 가능성을 알고 우발적인 상황에 대처하는 능력을 키우는 것이 중요하다. 만약 당신이 볼이 빨리 구르는 그린에서 느리게 구르는 그린으로 이동한다면 당연히 퍼팅 샷에 변화를 주어야 한다. 즉 보통의 퍼팅 샷이 거의 때리는 수준의 샷으로 바뀌어야 한다는 것이다.

계절이나 지역에 따라 잔디의 차이는 크지 않지만 볼의 조절은 필요하다. 많은 골퍼들이 그린 표면에 따라 무게와 로프트(클럽 헤드의 경사도)가 다른 퍼터를 사용해 본 경험이 있을 것이다. 예를 들어 볼이 느리게 구르는 표면에서는 좀더 무겁고 로프트가 심한 퍼터를 선호한다.

당신은 골프가 얼마나 마음을 애태우게 하는지 잘 알 것이다. 현대 골프의 복잡성에 대해 설명한 책들은 무수히 많다. 실제로 훌륭한 실력의 골퍼들이 여러 다른 환경에서 다양한 샷이 가능할 때까지 연습한 내용을 다룬 책들이고, 이것이 골프의 진정한 실체이다.

좋은 스윙을 위해 자신의 스윙을 분석하고, 기술을 개선시키고 수용하는 등의 모든 기술적 연습 과정은 일반적인 수술로 간주된다. 이것은 주로 시도와 실수의 과학이고 또한 당신을 진정한 골퍼로 성장시키는 유용함이 증명된 지침이다. 배움의 과정에 가속을 붙이고 특정한 움직임이 당신의 버릇이 될 때까지 도와주는 특별한 훈련을 수용하여야 한다.

여기에 걸리는 시간은 당신의 선천적인 재능뿐만 아니라 연습 내용과 실력 향상의 의지의 정도에 따라 달라질 것이다. 처음에는 시간이 걸리게 마련이다. 그러므로 어린애처럼 조급하게 굴어서는 안 된다. 스윙 기술을 연습해 나감에 따라 조금씩 게임의 여러 부분에서 변화를 느끼고 결국 편안함을 느끼게 된다. 결국 자신을 개선하고 이루어야 할 목표를 위해 더 많은 연습을 하는 단계까지 오게 된다.

좋은 지도자와 함께 당신은 분명히 그런 과정까지 오르게 될 것이다. 세계적으로 유명한 많은 프로 골퍼들은 자신들의 연습을 보다 효율적으로 하기 위해 지도자에게 교육을 받는다. 나와 관련을 맺은 유명 골퍼들을 여러분은 잘 알고 있을 것이다. 다른 골퍼와 지도자와의 관계는 다음과 같다. 바비 존스와 스튜어드 메이든, 잭 니콜라스와 그의 오랜 지도자였던 잭 그라우트, 톰 카이트와 하비 페닉 그리고 최근의 젊은 골퍼 타이거 우즈와 벗치 하면이 있다.

정신 게임 : 초점과 집중

내가 자주 받는 질문 중의 하나는 골프가 육체적인 것인가 정신적인 것인가에 대한 것이다. 이것은 아주 흥미로운 질문인데 아마도 벤 호건의 "골프는 100% 육체적인 것이면서 100% 정신적인 것이다"라는 말이 가장 적절한 답변일 것이다. 이 두 요소는 몹시 얽혀 있다.

초점과 집중을 방해하는 스트레스와 걱정거리들은 실력이 향상되면 놀라울 정도로 변한다. 초보자에게 있어서 스윙의 문제는 정신적인 것이 아니라 육체적인 문제일 따름이다. 그의 마음은 가르침들로 가득 차 있고, 많은 생각들을 잊지 않으려고 노력한다. 프로 골퍼들은 그들의 마음을 코스에 집중하기 위해 한두 개의 중요한 스윙의 포인트에 초점을 맞춘다. 그러나 내가 앞서 얘기한 아마추어 골퍼들은 대여섯 개의 생각(가끔 갈등을 야기하는)을 그들 머리에 넣어두고 있다 - 위대한 존 제코스가 간결하게 묘사했듯이 문제는 긴장이나 지나친 분석으로 인한 무기력 등을 필연적으로 불러온다.

효과적인 실력 향상의 키포인트 가운데 하나는 모든 것을 간단히 유지하는 것이다 : 견고하게 볼을 치고 좋은 동작을 하기 위해서는 한두 개의 키포인트에 초점을 맞추어야 한다. 당신을 기술적 혼돈의 희미함 속에서 꼼짝 못하게 하는 것은 그리 많지 않다.

실제로 연습 중에 볼을 치는 기술을 반복하는 것은 필드에서의 성공을 보장하는 가장 좋은 방법이다. 다른 말로 하면 당신은 게임을 다루는 법을 알아야 하고 첫 홀에 들어섰을 때 나타나는 정신적 부담을 다룰 줄 알아야 한다.

가끔 어떤 골퍼가 '정신력이 강해졌다' 라는 평가를 받는 것을 들어보았을 것이다. 그러나 실제로 이것은 무엇을 의미하는 걸까? 이것은 내가 언급한 모든 능동적인 집중과 강한 부담을 이겨내는 능력, 그리고 매샷마다 마음을 한데 모으는 것을 말한다. 겉보기에 잭 니클라우스는 볼 앞에 섰을 때 별 다른 집중을 하는 것 같이 보이지 않지만 아마도 그는 매게임마다 위대한 정신 게임을 하고 있을 것이다. 그는 심적 부담에 대해 효과적이고 완벽하게 대처할 뿐만 아니라 샷하기 전에 반복적으로 하는 일상적인 연습의 좋은 모델이다. 샷 전의 일상적인 연습인 그립, 자세의 정비, 스탠스, 매번 볼 앞에서의 자세 등은 기초를 단단히 하는 데 도움을 준다. 그렇기 때문에 이러한 부분이 가장 필요할 때를 위해 연습장에서 배운 기술들을 반복해서 연습하게 된다. 게다가 이것은 당신이 능동적인 훈련을 하게끔 하고 목표를 향해 정진할 수 있는 마음을 갖게 해준다.

원리는 굉장히 간단하다. 과정을 일반화시킬수록 이것에 대한 생각은 줄어든다. 프로 골퍼를 연구해 보면 그들의 필드에서의 행동은 거의 반자동적이다. 쉬운 피칭 샷, 혹은 강한 티샷이던간에 시험삼아 쳐보는 첫 샷과 힘들게 성공시키는 것 사이에는 상당한 시간 차이가 있다. 과정 속에서의 견실성은 부담감을 없애고, 시합 중에는 상대보다 1타를 앞설 수 있는 좋은 샷을 가능하게 한다.

골프 코스에 초점을 맞추게 하는 것이 연습의 요점이다. 그러나 이것을 습관으로 만들기 위해서는 반복이 필요하다. 그리고 연습이 완벽해지기 전까지는 실제 코스에서의 시합을 기대해서는 안 된다. 만약 특별한 아이언 샷이 필요하다면 연습해야 할 포인트가 여러 가지이다. 먼저 코스의 스프링클러 윗부분과 다른 표시들, 거리에 관한 책 등을 잘 이용해야 한다. 목표를 향해 볼을 보내야 하는 거리가 얼마나 되는지 알아야 하고, 중요한 문제들에 대해서는 머리 속으로 기록해 두

연습 : 세 가지 게임을 하나로 25

어야 한다. 볼 뒤에 서서 상황을 이해하도록 노력해야 한다. 마음의 눈으로 바라보면 어떤 샷이 필요한지 명확히 떠오르게 되는데 이것은 모든 기능을 고려할 때 이루어진다.

필드에서의 행동을 한번 결심하면, 볼로 그 행동을 옮길 수 있도록 한다 : 목표를 향해 못 쓰는 클럽을 놓고 몸을 거기에 맞추어 일렬로 선다. 손과 팔의 긴장을 풀기 위해 클럽 헤드를 한두 차례 흔든다. 그리고는 방아쇠를 당겨야 한다. 당신의 동작은 마치 사진을 찍는 것처럼 흘러가듯이 이루어져야 한다. 심지어 잭 니클라우스는 티 연습에서는 항상 머리 속으로 날아가는 생생한 볼의 그림이 연상되기 전에는 절대로 볼을 치지 않는다. 그는 이러한 그의 기계적인 수법의 요소를 '영화를 보러 가는 것' 이라고 묘사한다. 그리고 이것은 당신이 완벽한 스윙을 하기 위해서 시간을 투자해야 할 부분이다. 그래서 샷 전의 기계적인 연습 방법은 특정한 스윙의 변화에 있어서도 같은 방식으로 행해져야 한다 - 그리고 이것이 게임의 자연스런 부분이 될 때까지 반복 연습해야 한다.

당신의 판단 능력은 좋은 골프를 위한 기초가 된다 : 당신은 항상 티 앞에 섰을 때 홀에 대한 개념을 갖고 거기에 맞도록 자신을 일깨워야 한다. 같은 코스에서만 연습하면 쉽게 발전하지 않는다. 코스를 바꿔가며 연습하는 것이 좋다. 이런 것들을 염두에 두고 수많은 다른 샷들을 스스로 연습해야 한다. 이것을 즐거운 마음으로 수행하려면 자신의 능력을 제한해서 일반적으로 드라이버의 사용을 요구하는 파 4나 파 5홀의 티 샷을 중간이나 긴 아이언으로 한다. 이러한 연습 속에서 당신은 극적으로 각 홀의 성질을 바꿀 수 있다. 이를 통해 그린으로의 강하고 긴 샷의 원인을 파악하게 된다. 이것은 클럽 선택뿐만 아니라 잘 사용하지 않는 연습장에서의 기술을 시험해 볼 수 있게 해준다.

또다른 정신적 연습은 연습장에서 자신이 익숙한 코스를 상상해 보는 것이다 - 티 샷, 세컨 샷은 물론 해저드도 상상해야 한다. 예를 들어 벙커, 나무, 물 등을 상상한다. 그리고 각각의 샷마다 최고로 집중해야 한다.

사실과 상징 : 어떻게 자신의 게임을 조절하는가?

지금까지 우리는 많은 종류의 연습 형태들을 다루었다. 이제는 주의가 필요한 특수한 영역을 발견하기 위해 자신의 게임에 초점을 맞추어야 할 때이다. 나는 경기의 내용을 기록하는 것이 중요하다고 확실하게 믿는다. 이 작업을 하면서 당신은 특정한 목표를 잡을 수 있고 효과적인 연습 예정표를 만들 수 있다.

기록하기에 앞서 당신이 했던 몇 게임을 회상하면서 좋았던 패턴과 나빴던 패턴을 규정해 보자. 페어웨어와 그린으로 친 횟수와 그린 위에서의 퍼팅 횟수를 기록해야 한다. 그리고 실제로 많은 샷을 해야 했던 홀에 동그라미 표시를 하고 문제가 있었던 샷을 특정화해야 한다.

샷 대부분이 목표의 오른쪽이나 왼쪽으로 빗겨 나가지는 않는가? 얼마나 자주 그리고 어떻게 성공적으로 홀컵에 볼을 넣는가? 샷이 핀 위로 날아가거나 홀컵에서 가까운 거리는 포기해 버리는 경향이 있지는 않는가? 샷이 그린을 놓쳤을 때 얼마나 자주 그린을 왔다 갔다 하는가?

쇼트 게임의 분석은 특별해 보일 것이다. 골프에서 샷의 반 이상은 홀컵의 100야드 안에서 이루어진다. 극단적으로 이야기하면 쇼트 게임에 의해 경기가 좌우된다고 할 수 있다. 그러므로 스트로크를 기록하는 것이 중요하다. 얼마나 자주 15피트 내에서 볼을 치거나 웨지를 사용하는가? 그린 옆의 벙커로부터 제대로 빠져 나오는 비율은 얼마인가? 그리고 퍼팅의 평균 갯수는 몇 개인가? 만약 중간 정도 거리(8~15피트)의 퍼팅을 많이 놓치는 경향이 있다면 어디에 문제가 있는 것인가? 볼을 홀의 왼쪽으로 당기거나 오른쪽으로 미는 경향이 있는가? 일반적으로 짧은 거리의 퍼팅은 생략하고 볼을 손으로 집어 버리지는 않는가? 아니면 끝까지 홀컵에 집어 넣으려고 하는가?

이러한 질문들 속에 좋은 게임을 위한 해답이 있다. 따라서 가능한 한 빨리 다음 페이지에서 보게 될 예와 비슷한 경기 노트를 준비해야 한다. 이 예는 중간 실력의 핸디캡을 가진 골퍼가 경험한 특정한 문제들이다. 몇 번의 경기를 치르면 일정한 패턴이 있다는 것을 알게 될 것이다. 그리고 이것은 지도자와 함께 실력 향상에 필요한 게임의 측면으로 직접적으로 다가가게 될 것이다.

약간 깊게 들어가 보면 당신은 특정한 골프 시합에서 어떤 것에 중점을 두는가? 시작은 좋지 않지만 경기를 해나감에 따라 실력이 좋아지는 경향이 있다면 당신은 완벽하게 자기 자신을 준비하지 않는 골퍼이다. 그렇기 때문에 워밍업을 하기에 충분한 시간을 갖기 위해서 코스에 일찍 도착해야 한다. 좋은 출발에서 중요한 점은 퍼팅에 달려있다 - 첫 번째 두 개 정도의 홀에서는 따라야 할 많은 것들을 지키느라 많은 시간이 소요된다. 수많은 걱정으로 여러분은 홀컵에 공을 집어넣기 힘들 것이고, 좋은 리듬을 찾고 긴장을 푸는 데는 약간의 시간이 필요하다. 그러나 이러한 첫 홀에 대한 긴장은 바른 숨쉬기로 상당히 효과적으로 조절된다. 숨쉬기와 함께 리듬을 창조하는 비밀은 스윙의 안정성에 있다. 만약 긴장이나 초조함을 느낀다면 볼 앞에 섰을 때 길고 깊게 숨을 들이쉬고, 클럽을 흔들고 이동을 준비할 때는 숨을 토해내야 한다. 이러한 모든 사항을 따르면 고요하고 휴식 같은 느낌을 갖게 될 것이고 좋은 템포를 유지할 수 있다. 뱃속에 나비가 있는 듯한 느낌을 얻도록 다음 경기 때는 노력해 보라 - 기술적인 연습은 백 속의 모든 클럽으로 해야 한다. 심지어 노래를 흥얼거리거나 휘파람을 부는 것도 긴장을 푸는 데 도움이 된다. 이것은 골프를 잘 하기 위해서 아주 중요하다.

당신이 생각하는 또 다른 문제는 좋은 성적을 유지하는 것이다. 코스 밖에서 정말 위험한 것은 너무 일찍부터 나중의 홀에 대해서 생각하는 것이다. 이것은 스코어에 영향을 미칠지도 모른다. 당신이 경기의 정상적인 궤도에 오르기 전에 좋지 않았던 홀에 얽매이는 경향이 있다면 좋지 않았던 생각을 버리고 수비 전략을 세울 생각을 해야 한다. 이것을 극복하기 위해서는 현재에 집중하는 법을 배워야 한다. 뒤의 일을 미리 생각하는 것은 현 상태에서 필요한 집중력을 잃게 만든다.

골프의 아이러니는 필드에서 치는 몇 개의 좋은 샷과 경기에서의 성공은 별 관계가 없다는 것이다. 이것은 왜 정신적인 요소가 연습 중에 반복되어야 할 기술로서 중요한지를 말해 준다. 그리고 모든 정신적 실수는 연습과 주의가 필요한 육체적 실수와 같은 방식으로 일어난다.

좋지 않은 생각은 좋지 않은 결심을 만들고, 정확하고 간단한 샷을 구사하지 못 하게 한다. 전통적인 예로 3번 우드나 긴 아이언이 필요한 티 앞에서 드라이버를 선택하는 것이 더 좋다고 여기는 것이다. 그렇게 하면 스코어 카드에는 높은 숫자들로 채워지게 될 것이다. 심지어 그렉 노먼, 어니 엘스 그리고 타이거 우즈 같은 드라이버의 달인들도 확률에 의한 샷을 한다.

우드는 장거리용 클럽임을 기억하라. 거리 조절은 골프를 잘 하기 위한 대단히 중요한 요소라는 것을 명심하자. 대다수의 아마추어 골퍼들은 자신들의 볼이 그들이 실제로 친 거리보다 많이 나갔다고 생각한다. 그리고 좋은 샷보다는 강한 샷을 자랑한다. 왜냐하면 어쩌다 한번 6번 아이언으로 170야드를 친 것을 그들의 평균 거리로 기록하고 뽐내기 때문이다. 그리고 이러한 행동은 습관이 되어 버린다. 이것은 아마추어 골퍼들이 홀컵에서 가까운 거리에서 왜 3번씩이나 퍼팅을 하는지를 설명해 준다. 기본에 충실한 골퍼들은 그들이 어떤 클럽으로 얼마나 멀리 볼을 보내는 것에 관심을 두지 않는다. 그들은 티 앞에서 볼을 치는 견고함과 내용에 더욱 집중하고, 그들의 샷은 너무도 정교해서 볼들이 일정 지역에 모인다. 이것이 바로 내가 정의하는 진정한 조절이다. 그리고 심지어 이것은 분리를 향한 기술이기도 하다. 닉 팔도와 같은 사람들은 자기 스윙에 대한 날카로운 자각과 깨끗한 스윙으로 볼을 친다. 이것이 바로 그가 일정한 궤도의 샷으로 1야드나 2야드 가까이 볼을 착지시키는 것을 가능하게 하는 것이다. 다른 선수인 닉 프라이스도 매혹적인 정밀도로 거리를 판단한다. 따라서 자신의 감정에 따라 클럽을 선택해서는 안 된다. 실력 있는 골퍼가 되기 위해서는 빨리 이것에 익숙해져야 하고 목표에 집중해야 한다. 마음 속으로 경기할 수 있는 여유분의 클럽을 가지고 있어야 하며, 이것은 여러분이 볼을 정확하고 직선으로 칠 가능성을 높여준다.

더 나은 게임을 위한 탐색

홀	파	티 샷	세컨드 샷	서드 샷
1	4	드라이버/242야드 RR	GB 왼쪽	
2	3	4번 아이언/180야드 /5피트		
3	4	드라이버/255야드 RR	6번 아이언/150야드 F	
4	5	드라이버로 날림/220야드 F	3번 우드/225야드 F	8번 아이언/그린으로 120야드
5	4	드라이버로 끌어침/250야드 LR	8번 아이언/120야드 쇼트	
6	3	8번 아이언/135야드 왼쪽 GB		
7	4	드라이버/260야드 RR	7번 아이언/그린으로 30피트	
8	4	3번 우드 220야드 FB	6번 아이언/140야드 쇼트	
9	5	드라이버/260야드 나무	웨지/페어웨이 로	3번 우드/쇼트 215 야드
10	4	드라이버/255야드 F	4번 아이언/165야드 쇼트	
11	4	3번 아이언/190야드 F	9번 아이언/120야드 그린으로 20피트	
12	3	5번 우드/170야드 오른쪽 GB		
13	5	드라이버/255야드 RR	5번 아이언/150야드 F	웨지/그린으로 80야드
14	4	3번 우드/255야드 F	5번 아이언/155야드 F 쇼트	
15	4	3번 우드/220야드 F	웨지/105야드 그린으로 10피트	
16	3	4번 아이언/175야드 왼쪽 GB		
17	5	드라이버/255야드 F	3번 우드/205야드 RR	9번 아이언/쇼트 95야드
18	4	3번 우드/215야드 F	7번 아이언/135야드 그린으로 25피트	

KEY: F - 페어웨이(fairway), FB - 페어웨이 벙커(fairway bunker), LR - 왼쪽 러프(left rough)
RR - 오른쪽 러프(right rough), GB - 그린 쪽 벙커(greenside bunker)

평: 너무 많은 샷이 오른쪽으로 갔다. 특히 드라이버를 사용한 경우에는 더 심하다.
피칭의 정확도가 떨어지고, 일치하지 않는 퍼팅, 너무 많은 쇼트 샷.

*NOTE: 3번 우드를 사용한 경우는 좋았다.

사실과 상징 : 어떻게 자신의 게임을 조절하는가?

피치	칩	샌드	퍼트	점수
		20피트	2	5
			2	3
30피트			3	6
			2	5
20피트			2	5
		8피트	2	4
			1	3
	15피트		2	5
20피트			1	5
15피트			1	4
			2	4
		6피트	2	4
			3	6
	2피트		1	4
			2	4
		20피트	2	4
	10피트		2	6
			1	3

33 (80)

◀ 자신의 기록을 기입하고 갱신하는 것은 특정 부분의 약점을 보완하는 데 귀중한 자료가 된다. 그리고 여기에 맞게 연습 시간을 활용해야 한다. 이것은 또한 자신의 골프 특징을 기록하는 좋은 방법이므로 시간이 지나면 과거의 경험과 자기의 성장을 비교할 수 있다.

코스 : 라드베터 우즈 GC   PAR/S.S.S 72/71
토너먼트 메달   날짜 : 1997년 9월
날씨 : 맑음, 미풍   홀컵 10

중요 기술 연습

앞으로 보여질 질문과 대답 형식의 분석은 계속해서 당신에게 무엇인가를 생각하게 할 것이고 몇몇의 아이디어들은 한 차원 높은 수준의 게임을 생각하게 할 것이다. 그리고 이러한 정보를 완성하기 위해서는 가끔 중요 기술들을 연습장에서 세밀히 연습해야 한다. 나는 골퍼의 게임을 분석할 때 그 골퍼의 평범한 기술이 무엇인지를 찾는다 : 드라이버 샷, 아이언 샷, 피칭, 치핑, 벙커 샷, 퍼팅 등. 화려한 기술보다는 각 영역에서 원리대로 충실하게 이행하는 것이 중요하다.

당신 고유의 기술 연마장을 만들어야 한다 - 예를 들어 두 깃대를 이용해 페어웨이를 상상하는 것이다. 항상 임의의 목표를 설정하고 거리를 인식하며 아이언 샷을 하고 그린 주위에서 많은 샷을 연습해야 한다. 만약 이러한 연습을 실력이 비슷한 동료와 함께 한다면 훨씬 더 나은 결과를 얻을 수 있기 때문에 좀 더 높은 수준으로 끌어올리기 위한 좋은 방법이라 할 수 있다.

다음에 열거될 중요 기술들은 일반적인 지침에 불과하므로 가볍게 읽어둔다. 만약 골퍼가 레슨을 위해 나를 찾아온다면 내가 예상하는 각각의 영역에서 그들의 단점을 지적해 주고 도와줄 것이다. 나는 가능성을 제시할 뿐 그것에 대한 결정은 여러분이 하는 것이다.

티 샷 : 좋은 시작이냐, 문제의 시작이냐?

좋은 드라이브 샷은 게임에서 높은 수준의 단계로 가기 위해 꼭 숙달해야 하는 기술이다. 하지만 나는 티 샷에서 어려움을 겪는 수많은 골퍼들을 보았고 이러한 어려움은 그들의 스코어에 커다란 영향을 끼친다.

먼저 30~40야드 넓이의 페어웨이라고 상상한 후, 티 샷 때 사용하는 드라이버나 3번 우드와 같은 클럽을 들고 마치 티 샷 경기를 하는 것처럼 열 번 정도 샷을 해본다. 볼을 플레이할 수 있는 곳에 보내는 것이 일관된 점수를 유지하는 비결이다 - 당신은 얼마나 많은 티 샷을 페어웨이로 보냈는가?

만약 드라이버로 최소한 50% 정도의 성공을 거둘 수 없다면, 여러분의 골프 백에서 드라이버를 빼 버려야 한다. 만약 드라이버가 부정확하다면, 치고 싶은 유혹에서 벗어나기 위해 과감하게 드라이버채를 집에 두도록 하자. 그대신 3번 우드(혹은 좀 더 각도가 낮은 드라이버를 사용하던가)를 사용해 좀 더 목표에 대해 충분한 정확성을 가질 때까지 연습해야 한다.

아이언 샷 : 견고한 볼의 비행과 탄도

아이언 클럽의 키포인트는 비행과 탄도의 정확성이다. 나는 9번, 6번, 4번 아이언을 사용할 것과 각각의 샷의 견고한 모양과 탄도를 만드는 능력을 기록할 것을 제안한다. 반복해서 열 개의 볼을 치고 특정 지역에 볼을 보내도록 목표를 설정해야 한다.

당신에게 적당한 것이 무엇인가를 알기 위해서라도 자신의 기록표를 만들어야 한다. 실제로 그린으로 보낸 볼의 갯수를 세서 기록해야 한다. 그리고 각각의 클럽의 점수를 비교해야 한다. 만약 9번 아이언이 70%의 성공률을 보이고, 6번 아이언이 30%의 성공률을 보인다면 어디에 문제점이 있고 어떠한 연습을 해야 하는지 명백해진다.

실제로 프로 골퍼들도 깨끗한 롱 아이언 샷을 구사하기란 쉽지 않다. 만약 당신이 핸디 10이하의 골퍼가 아니라면 우드를 포함한 4번 아이언 대신 그 이하의 클럽으로 치라고 강력히 충고할 것이다. 이것은 당신에게 커다란 자신감과 함께 볼을 쉽게 칠 수 있는 기회를 제공할 것이다.

피칭 샷 : 거리 조절 연습

특정한 핀으로부터 50야드 정도의 거리는 먼저 거리를 재보고 자신감을 가진 다음 각각의 샷의 비행거리를 조정하도록 집중해야 한다. 웨지나 샌드 웨지로 10개의 피칭 샷을 해 본다.

그린 지역을 벗어난 볼에 대해서는 어떠한 변명도 통하지 않는다. 그래서 10개의 볼을 모두 퍼팅 지역으로 보낼 수 있어야 한다. 좋은 피칭 샷을 구사하기 위해서는 홀에서 15발자국 정도의 위치에 10개 중 5개는 보내야 한다. 20발자국 거리 바깥으로 보낸 볼은 없어야 한다. 싱글 골퍼라면 50야드나 그 이내에서는 최소한 50% 이상의 성공률을 보여줘야 한다.

치핑 샷 : '띄우기와 굴리기'는 기본

　치핑 연습을 할 수 있는 그린 근처 지역으로 가서 퍼팅 지역으로 볼을 보낼 수 있는 3~4야드 정도의 거리에서 자세를 잡고 샷을 해보고 그 다음에는 10~15야드의 거리에서 샷을 해본다. 당신이 선호하는 치핑 클럽을 선택해서 일반적인 '칩 앤 런'의 동작으로 샷을 한다.

　홀 근처 특정 지점에 볼이 떨어지도록 해야 한다. 그리고 열 개의 볼이 가능한 한 모여 있도록 만든다. 볼들이 4피트 정도의 거리에 모였다면 성공한 것이다.

　이것이 쇼트 게임의 가장 결정적인 부분이다. 만약 홀로부터 3~4피트의 거리에서의 샷이 50% 정도의 성공률이 되지 못한다면 그린에서 너무 많은 중요한 샷을 낭비하는 것이다. 만약 당신이 적은 타수를 기록하고, 싱글 골퍼가 되고 싶다면 이 거리에서 적어도 70% 정도는 성공해야 한다.

벙커 샷 : 모래를 퍼내는 것이 중요하다

　그린 옆의 벙커를 찾아서 모래 위에 완벽한 자세로 선다. 반복해서 10개의 볼을 핀으로부터 30~40피트 떨어진 거리에서 연속적으로 연습한다. 그리고 결과를 기록한다. 편안한 자세를 잡도록 노력하고 간단하게 볼 밑부분으로 샌드 웨지로 모래를 퍼내는 기분으로 홀을 향해 볼을 쳐준다.

　벙커에서의 샷은 생각하는 것보다 훨씬 어렵다. 따라서 이 단계에서 한 번의 샷으로 벙커에서 빠져 나와 볼을 그린 위로 갖다 놓아야 한다는 것은 기대일 뿐이고, 평균 두 번의 퍼팅 샷이면 적당하다.

　훌륭한 골퍼는 자연스럽게 그의 시야를 바르고 높은 곳에 둔다. 나는 싱글 골퍼는 최소한 다섯 발자국의 지역에서 드물게는 10피트의 거리에서도 60%의 성공률을 보이는 골퍼라고 얘기한다.

퍼팅 샷 : 퍼팅은 곧 돈이다

자 이제 그린으로 나가보자. 네 발자국의 직선 거리에서 샷의 정확도와 견고함을 연습한다. 하나 혹은 두 개의 퍼터를 가지고 예전에 취했던 일반적인 자세로 열 개의 볼을 친다. 그리고 성공률을 기록한다.

모든 볼에 주의를 집중한다. 깨끗한 표면의 그린에서는 왜 모든 골퍼들이 50%의 성공을 거두지 못하는가에 대해서는 이유가 없다. 퍼팅에 있어서 강한 집중만큼 중요한 것은 없다. 좋은 퍼팅 기술을 가지려면 최소한 70%의 성공률은 거두어야 한다. 싱글 골퍼들은 최소한 80%의 성공률을 가지고 있다.

퍼팅 샷 : 볼 굴리기

홀에서부터 30~40피트 거리의 지역으로 옮겨서 롱 퍼팅을 연습해 보자. 이 연습의 목표는 볼을 쉽게 상상 속의 두 발자국 내의 원안으로 굴리는 것이다. 반복해서 10개의 볼로 연습하고 각각의 퍼터의 선과 속도에 초점을 맞춘다. 일상적인 자세로 연습하면서 각각의 볼을 칠 때 퍼터 페이스를 통해 느껴지는 감각을 갖는 것이 중요하다. 볼을 홀에 넣는 것은 그 다음 일이다.

당신의 핸디캡이 무엇이든 간에 기브 거리에 적어도 7개의 볼을 보내야 한다. 이것이 어렵게 느껴진다면 당신은 정말로 많은 시간을 퍼팅 연습에 쏟아야 할 것이다. 싱글 골퍼들과 야망을 가지고 있는 골퍼들은 최소한 90%의 성공률을 가져야 한다.

중요 레슨과 연습 기술들

내가 만나 본 많은 골퍼들은 프로 골퍼들이 연습장에서 외국어로 이야기한다고 생각한다. 왜냐하면 그들은 프로 골퍼들만의 비밀 기술이 존재한다고 믿기 때문이다. 물론 그것은 아니다. 당신이 주말이나 주중에 텔레비전을 통해 보게 되는 프로 골퍼들은 연습장에서 평범한 기술로 기본적이고 일반적인 연습을 하고, 플레이한다.

분명히 프로 골퍼들은 그들의 스윙이 최고가 되기를 원한다. 우리의 꿈도 그러하다. 그러나 그립, 자세 등의 지루한 레슨을 뛰어넘고 싶어하는 대부분의 아마추어 골퍼들과는 다르게 프로 골퍼들은 아무 말 없이도 그들의 게임이 현재 어떤 상황인지를 이해하고 있다. 오로지 기초 연습만이 볼을 더 멀리, 곧게 잘 칠 수 있도록 해주며, 샷을 다양하게 발전시켜 준다.

당신의 육체적 능력이 어떠하건 간에 만약 성공하기로 결심하고, 기본 훈련을 하기로 했다면 당신의 스윙은 반드시 향상된다. 아마도 싱글을 기록할 때마다 목표를 정확히 맞추는 스윙은 없다. (심지어 프로 골퍼들도 이런 종류의 조절을 할 수 없다.) 하지만 이것이야말로 당신 최고의 샷과 최악의 샷 사이의 차이를 확실하게 좁혀준다. 그리고 이것은 당신에게 좋은 패턴을 만들어 준다. 내가 본 18타 핸디 골퍼들은 약 12홀 정도까지는 싱글 핸디 골퍼이지만 나머지 샷에서 자주 실수를 범한다 - 즉, 가능성은 있지만 일관성이 없는 것이다. 당신의 나쁜 샷이 좋아짐에 따라 스코어도 자연스럽게 낮아질 것이다. 여기에 대해서는 분명히 장담할 수 있다. 그리고 스윙의 형태와 일반적인 사항을 점검하는 기본 원칙을 고수할 때 가능성이 쌓이게 된다.

우리는 모두 다른 키, 체격, 성질을 갖고 있다. 그래서 불가피하게 이러한 기본적 레슨은 각 개인들의 조건에 따라 조절해야 한다. 닉 팔도나 어니 엘스 같이 키가 큰 골퍼들은 이안 우스남 그리고 제프 슬러만 같이 키가 작은 골퍼들과 똑같은 기본 레슨을 익히지만 분명히 키와 체격의 차이는 아주 다른 스타일을 만들어 낸다.

그리고 골퍼의 스윙은 그의 성격을 반영한다는 재미있는 기록이 있다. 어니 엘스는 시합 중에 아주 느긋한 골퍼 중의 한 사람이다. 그의 스윙은 빠르지 않고 느린 템포를 가지고 있다. 반대로 닉 프라이스는 아주 급한 성격을 가지고 있다. 그러나 그의 스윙과 템포는 티에서 페어웨이 그리고 그린까지 반복적으로 견고함을 유지한다. 이러한 것들을 모두 마음에 새기고 하나 하나씩 검토해야 한다. 만약 당신이 중요 자세를 중점적으로 연습하고 싶다면 나는 일상적인 기본을 점검하고 자각하는 것이 필요하다고 믿는다. 그러나 그러기 전에 나는 당신의 게임에는 별 영향을 주지는 않지만 잘 알려진 한두 가지 이야기를 하고 싶다.

게임을 망치는 진부한 생각들

나는 세계를 여행하면서 골프 스윙에 대한 이상하고 엉뚱한 해설을 듣곤 한다. 어떤 것들은 전혀 믿어지지 않는 것이다. 그러나 분명한 문제는 이것들이 우리에게 너무 친밀한 것이고 어디에서 게임을 하던 간에 골프 설명에 있는 것처럼 보여지는 미신이나 떠도는 이야기의 좋지 못한 수용에서 기인한다.

만약 당신이 아래의 표현들에 익숙하지 않다면 나는 놀랄 것이다 : 백 스윙시 왼팔을 곧게 펴라 : 큰 스윙 궤도를 만들어라 : 오른쪽 팔꿈치를 몸에 붙여라 : 힘을 가하기 위해 다리를 움직여라..... 그리고 물론 아주 오래된 이야기인 '헤드 업을 하지 마라' 등. 이러한 이야기들의 기본적인 지침 뒷면에는 어느 정도의 진실이 있다. 이러한 이야기들을 곧이곧대로 받아들이면, 자연스러운 자세로 스윙하는 것이 힘들게 된다. 왼팔을 곧게 펴보라. 만약 백 스윙시 왼팔을 곧게 펴는 것에만 집중한다면 당신은 단지 집중을 하는 것에만 성공할 것이다. 당신의 손가락은 그립을 더욱 세게 움켜잡을 것이고 왼팔은 멈추게 될 것이며 근육은 뻣뻣하게 경직될 것이다. 이러한 이상한 경험들을 받아들이면서 나는 아주 훌륭한 몇 명의 골퍼들을 생각했다. 아직은 아마추어로 남아 있는 그들은 분명히 스윙의 정점에서 왼팔이 곧게 펴져 있다. 거의 완벽하게 직선을 이루고 있다. 그러나 분명히 부자연스러운 자세는 아니다. 이것은 스윙에 대한 알맞은 생각이 아니므로 심사숙고할 필요는 없다.

왼팔의 부드러운 동작은 완전한 백 스윙과 리듬의 강화를 촉진시킨다. 왼팔을 견고하고 곧게 펴야 할 유일한 때는 임팩트 순간이며 이것은 클럽헤드를 원심력으로 당긴 결과이다. 오른쪽 팔꿈치를 몸쪽으로 바짝 붙이는 것은 알려진 것처럼 그다지 좋은 것은 아니다. 이 이야기만 믿고 따르는 사람은 볼로부터 클럽을 멀리 이동시키고 백 스윙 궤도를 한정시켜서 짧은 거리의 샷과 힘없는 동작으로 끝을 맺기 위해 꽉 끼는 재킷을 입고 스윙하는 것과 같다. 다시 말해 거기에는 유동적인 동작이 없다.

흥미 있는 점은 이 오른쪽 팔꿈치를 몸에 붙인다는 생각은 백 스윙을 제한시켜 주는 특별한 기구 없이는 자신감을 갖지 못하는 골퍼들로부터 시작됐다는 것이다. 시간이 흘러 현대의 골프에서는 보조 기구 사용의 증가로 인해 골퍼들에게 오른쪽 팔꿈치를 몸에서 약간 떨어지도록 장려하고 있다. 대부분의 사람들은 잭 니클라우스가 톱스윙에서 오른쪽 팔꿈치가 상당히 옆구리에서 올라와 떠 있는 스윙 자세를 가지고 있다고 얘기한다. 그러나 이것은 오늘날 그리 큰 문제가 되는 것은 아니다. 이것은 프레드 커플스의 백 스윙시의 정점을 보면 알 수 있다.

좋은 백 스윙은 상체를 힙과 허벅지 반대로 틀어 주는 것이다. 그래서 상체와 하체 사이에 코일과 같은 모양을 만들어 내는 것이다. 이런 방법을 사용하는 골퍼는 그의 스윙 속에서 회전을 만들어 낸다. 그리고 거대한 힘도 함께 만들어진다. 그러나 큰 회전을 만드는 다음 페이지

왼팔을 곧게 펴라

오른쪽 팔꿈치를 몸에 붙여라

그림처럼 공으로부터 몸을 빨리 회전하는 골퍼들을 보았다. 반면에 클럽은 반쯤 스윙하면서도 힙과 어깨의 완전한 회전을 하는 골퍼들도 보았다. 이것은 스윙의 정점으로 클럽을 이동시키는 데 필요한 팔과 손의 자유로움을 수반한다. 이러한 하체의 저항 없이는 어떠한 턴도 효과가 있을 수 없고 진정한 힘도 있을 수 없다.

내가 가르치는 주안점은 좋은 스윙은 각 부분이 동시에 이루어질 것을 요구한다는 것이다. 그래서 몸을 틀어주는 것과 팔의 스윙은 큰 저항과 힘의 축적이 함께 정점에서 동시에 이루어져야 한다.

이러한 잘못들은 골퍼의 중심과 몸무게를 백 스윙시 왼쪽으로 옮겼다가 볼을 치면서 오른쪽으로 옮기는 잘못까지 가져온다. 달리 말하자면 무게의 이동이 이상하게도 스윙 방향의 반대 방향으로 진행된다는 것이다.

회전은 크게

몸을 돌리는 것과 팔과 클럽 헤드의 스윙은 동시에 일어난다는 사실은 대단히 중요하다. 그리고 회전은 긍정적으로 무게 이동과 일치되어야 한다 - 예를 들어 처음에는 목표로부터 떨어져 있다가 그 다음에는 목표에 다가서는 것이다. 마치 복서가 날리는 펀치의 세기는 그의 무게를 말해주듯이 골퍼는 반드시 최고의 클럽 헤드의 속도와 힘을 갖춘 샷에 자신의 무게의 이동을 수반해야 한다.

말하자면 바깥쪽의 오른쪽 발을 회전하지 않는 한 오른쪽으로의 무게이동은 가능하다. 그리고 오른발이 주축이 되어 몸의 흔들림을 지탱해 준다. 당신은 간단히 오른쪽 무릎에 저항감을 느끼며 몸을 돌려주면 된다. 그러면 코일 모양과 같은 백 스윙을 유리할 수 있으며, 오른발에 체중을 실어줄 수 있다.

힘을 가하기 위해서 다리를 움직여야 한다는 개념은 1970년대 교습에 나타나기 시작했다. 그리고 현재에도 많은 골퍼들에게 문제로 남아 있다. 그러나 당신은 이것에 대한 접골사들의 너무나 많은 불만에 대해서 들어보지 못했을 것이다 : 정점에서 다리를 앞으로 이동시키는 것은 골퍼의 손으로 힘을 가하는 볼을 때리는 순간에 상체가 하체에 너무 멀리 떨어져 있게 된다는 것이다.

이러한 골퍼는 일반적으로 역C자형의 피니시 모습을 하는데 이것이 바로 등에 굉장한 압박을 가하게 된다. 반복해서, 상체와 하체를 함께 이동시키는 것은 무엇인가를 잃어버리는 것이다. 그렇다. 하체는 볼을 치는 순간에 과도한 일을 하게된다. 그러나 힙이 공격적인 정결함을 갖기 전에 다운 스윙시에 이것은 고요함을 유지해야 한다. 이것은 시간상의 문제이다. 누구도 다리를 너무 빨리 움직여서 상체가 들어 올려지는 것을 원하는 사람은 아무도 없을 것이다. 좋은 다리 동작은 스윙의 균형과 볼을 치는 순간 왼쪽 면의 이동에 초점을 맞추는 동안 몸의 균형을 잡아준다. 이것은 몸이 미끄러지는 것을 방지해 준다. 그리고 이런 이야기의 최고봉인 - '헤드 업을 하지 말라' 는 조언은 의심할 바 없는 공통의 이야기이고 아마도 골프에 가장 큰 해로움을 주는 충고일 것이다. 대부분 스윙시에 빨리 머리를 드는 것보다는 볼과 목표를 향해 유지되어야 한다고 믿을 것이다. 그러나 몸을 회전하는 과정에서 머리를 조금도 움직이지 않는 좋은 골퍼들이 간혹 있다

다리를 움직여라

- 특히 긴 클럽, 눈에 띨만한 드라이버 사용시에 이 현상은 현저하다.

머리를 2~3 cm정도 움직이면 회전시에 팽팽함이 생기고 상체를 회전할 때 아마도 무게 이동을 자연스럽게 할 수 있을 것이다. 나는 활동적이고 반복적인 스윙 속의 긍정적 요소들을 보았고 그것을 장려한다. 모든 스윙 과정에서 자신의 머리를 완벽하게 고정하려고 생각하는 골퍼는 그 자신에게 자유를 부여하는 것을 거부하는 것이고 광대한 (가끔은 고통스러운) 효과의 경험을 거부하는 것이다.

따라서 머리를 전혀 움직이지 않는 것이 골퍼 스스로가 진정한 골퍼로 발전되는 것을 방해받는다는 것을 알 수 있다. 나는 당신이 이러한 이야기들을 이해하고 그것들이 갖고 있는 잘못된 점들을 이해하길 원한다. 그리고선 그것들을 잊어야 한다. 이 이야기들은 심사숙고하기에는 너무 진부한 이야기들이다. 더욱 안 좋은 것은 이런 이야기들이 당신에게 잘못된 방향을 생각하게 한다는 것이다 : 이것들은 스윙의 리듬을 가로채고 볼을 치기도 전에 속도와 힘을 감소시킨다. 그래서 바르고 반복되는 방법 속에서 찾은 긍정적인 주안점에 초점을 맞추어 보도록 해야 한다.

머리를 들어서는 안 된다

기본 레슨

이 책은 많은 이론을 다루는 책은 아니지만 적어도 당신 마음 속에는 좋은 스윙의 모습이 떠오르기 시작했을 것이다. 왜 우리는 그토록 기본을 강조하는 것일까? 왜냐하면 그것은 바로 좋은 방법의 기초이기 때문이다. 증명된 지침들을 고수하는 것은 고질적인 실수를 피하게 하고 일정한 동작을 만들어 준다.

결국 이런 레슨을 연습장에서 함으로써, 우리가 실제 경기를 하게 되었을 때 스윙에 대한 믿음과 자신감을 갖게 된다. 생각을 많이 하면 긴장하게 된다. 우리는 자신이 무엇을 해야 하는지에 대해 너무나 골똘히 생각하는 골퍼를 많이 본다. 그래서 그들은 자신들만의 방법 속에서만 많은 것을 얻는다.

이해해야 할 것은 당신의 마음이 보내는 모든 지침을 당신의 몸이 모두 수행할 수 없다는 것이다. 골프를 배우면서는 믿음을 위한 훈련을 해야 한다. 육체적인 훈련으로 배운 근육의 움직임을 기억하고, 그 기억을 통해 반복적인 체계로 조정해 간다. 좋은 골프 스윙은 아주 본능적인 행동이다. 이것은 마음 속에서 목표에 초점을 맞추게 하고 '어떻게' 보다는 '어디에' 집중을 해야 하는지를 알려준다.

정확히 똑같은 두 개의 스윙은 없다. 이는 골퍼 A에 맞는 방법과 골퍼 B에 맞는 방법이 있다는 것이다. 이것은 충분히 예상할 수 있는 것이다. 그러므로 앞으로의 레슨은 골프의 청사진을 제시할 것이다. 그리고 이 이론의 유용함을 느낄 때 개인적인 설명을 두려워하지 말았으면 한다.

자세 잡기 : 그립 잡기

훌륭한 골프는 좋은 그립과 함께 시작된다. 클럽을 잡는 방법은 자연스러운 스윙에 절대적인 요인이다. 그리고 그립을 잘못 잡는 것에는 어떠한 변명도 통하지 않는다.

(1) 왼손을 가르지르도록 대각선 방향으로 클럽을 놓고 새끼손가락의 안쪽 마디를 통과하여 나머지 손가락 위에 클럽의 손잡이 부분이 놓이도록 한다. 손바닥 위로 너무 올라오도록 잡아서는 안 된다 - 일반적인 실수는 긴장하고 손목의 움직임이 부족해서 생긴다.

(2) 그립을 손가락으로 감아 줄 때 집게손가락과 엄지손가락도 함께 잡아야 한다. 엄지손가락과 집게손가락 사이에 공간이 생겨서는 안 되고, 왼쪽 엄지손가락의 위치에 주의해야 한다. 엄지손가락이 샤프트 아래로 너무 많이 뻗치지 않도록 한다. 그립을 짧게 꼭 죄어야 왼손이 좋은 위치를 만들 수 있다.

(3) 클럽을 잡았을 때 손가락 두세 마디를 볼 수 있어야 하고 나머지 손가락으로 그립을 잡는 동안 왼쪽 손목의 뒤에서 컵 모양으로 오목하게 받쳐든다. 이때 왼손은 정확히 중심점으로부터 손목이 자유로운 상태로 고정되어야 한다 - 이것은 백 스윙시의 클럽의 자세를 잡는 과정에서 중요한 것이다.

(4) 오른손은 왼손과 평행하도록 쥐어야 하며, 이것은 기초를 만드는 데 중요하다. 그리고 나서 오른손을 오므릴 때 왼쪽 엄지손가락은 덮여야 한다. 오른쪽 집게손가락과 함께 오른쪽 엄지손가락에 그립의 패드 부분을 편안히 고정시키고 엄지손가락으로 가볍게 그립을 잡는다.

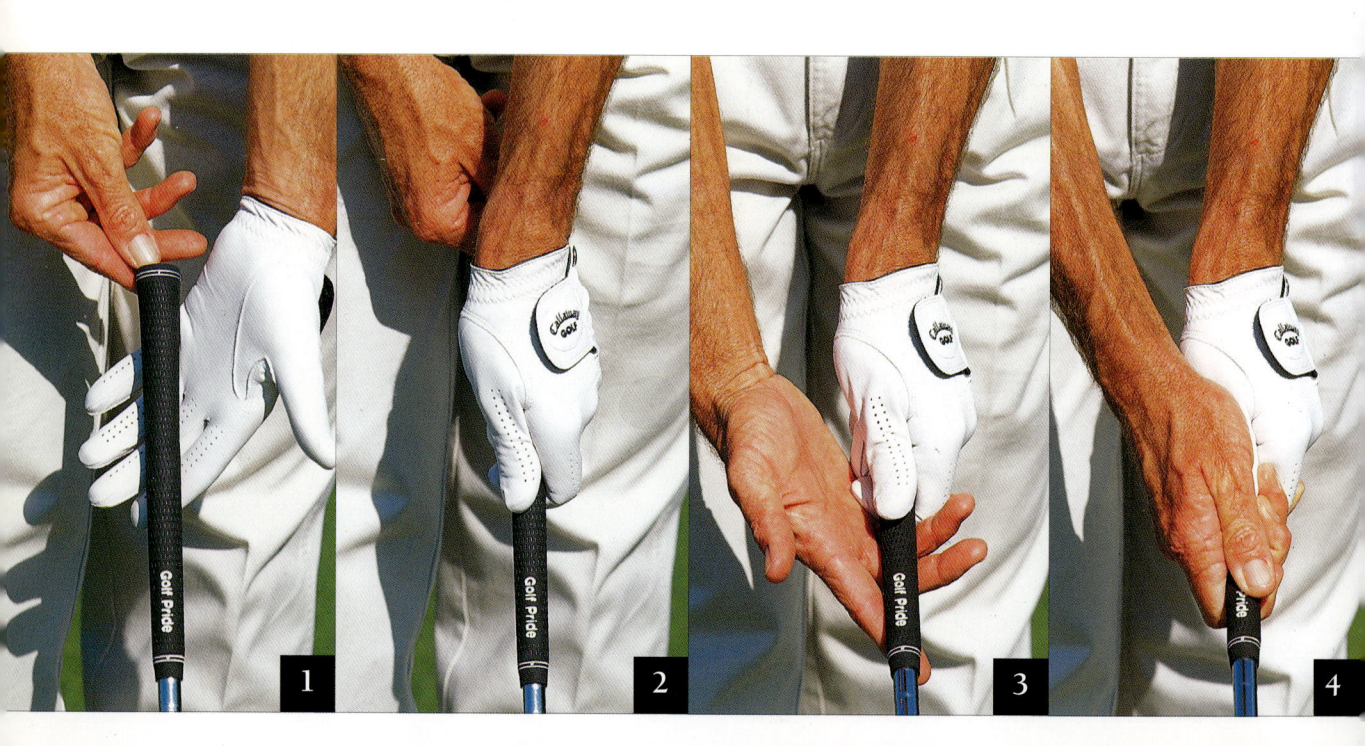

그립의 선택은 개인적인 취향의 문제이다. 아마 인터로킹 그립과 오버래핑 그립 둘 다 해보았을 것이다. 시합에서는 오버래핑 그립이 많이 사용되지만 자신에게 맞는 방법을 찾아야만 한다.

결국, 좋은 그립은 두 손이 동일체처럼 같이 함께 움직여야 한다. 5 처럼 볼을 치기 전에 클럽 헤드를 흔들어 본다. 이때 손은 안정감을 느껴야 하지만 동시에 움직일 수 있어야 한다. 너무 세게 움켜 잡아서는 안 된다. 좋은 샷을 방해하는 가장 큰 원인은 긴장이다. 손과 팔은 부드러움을 느끼며 편안한 상태여야 한다 - 샤프트 끝에서 클럽 헤드의 무게를 느껴야 하고 자유롭게 클럽을 흔들 수 있어야 한다. 그립을 바꿀 때 조급하게 하면 안 된다. 반복적인 연습만이 해결책이다. 집에서 그리고 가능한 모든 곳에서 계속적으로 그립을 잡는 연습을 해야 한다. 좋은 그립이 습관이 될 때까지 계속 연습하도록 한다.

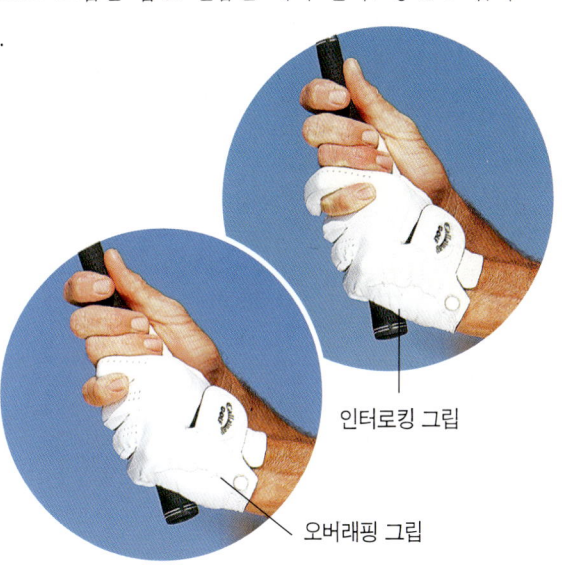

인터로킹 그립

오버래핑 그립

중요 점검표

- 왼손 둘째, 셋째 마디 손가락 관절이 보여야 한다.
- 왼손의 엄지손가락과 오른손의 집게손가락을 평행이 되도록 하고, 턱과 오른쪽 어깨 사이에 위치시킨다.
- 손의 압력은 왼손의 나머지 손가락과 왼쪽 엄지손가락 위의 오른손에 주어야 한다.
- 그립을 잡은 오른쪽 집게손가락의 느낌이 중요하다.
- 손과 팔은 부드럽고 편안한 상태여야 한다.

자세 잡기 : 어떻게 좋은 자세를 만드는가

자세는 중요하다. 어드레스 시에 정확한 준비 자세가 필요하고, 그래서 볼을 조절할 수 있어야 하고, 반복적인 스윙을 할 수 있는 특정한 자세가 필요하다. 특히 견고한 회전 각도를 만들고 유지하는 것은 반복적인 좋은 스윙과 회전을 위한 필수 요소이다. 이것은 또한 볼을 치는 속도를 향상시킬 때 신체의 균형을 이루는 능력을 포함한다.

이 간단한 방법은 좋은 자세를 만드는 데 많은 도움이 될 것이다.
(1) 어깨 넓이만큼 발을 벌리고 선다. 발은 20~30도의 각도로 벌리고 손은 허리에 놓는다.
(2) 힙부터 가볍게 구부린다. 등은 곧게 펴고 무릎을 약간 구부린다. 허벅지에 약간의 압력을 느낄 정도면 된다. 마지막으로 팔을 몸 앞으로 내민다.
(3) 목 근육을 풀어주고 왼손 위에 오른손을 놓는다.(자세는 그립을 잡는 법과 동일하다) 왼쪽 힙이 오른쪽 힙보다 높아야 하므로 왼쪽 힙을 약간 든다. 자세는 거울을 통해 점검한다.

몸의 오른쪽 면은 이제 수동적인 위치에 있어야 한다. 이는 오른손잡이 골퍼에게는 중요하다. 볼 앞에서 체중은 중앙에 있어야 한다. (당신은 발가락부터 뒤꿈치까지 흔들림 없는 좋은 균형을 이루어야 한다.) 허리는 곧게 펴고 턱은 들어야 한다. 이 자세는 자유롭게 회전할 수 있도록 해준다.

자세잡기 : 어떻게 일직선을 만드는가?

   골퍼들은 일직선의 자세를 만드는 문제로 많은 고충을 겪는다. 그 원인은 볼 옆에 그들이 섰을 때 목표선에 대한 이해가 부족하기 때문이다. 이러한 실수는 쉽게 발견되지 않아서 위험하고, 만약 목표가 조금이라도 구부러진 곳에 있으면 본능적으로 스윙으로 보상하려는 경향이 있다. 다른 말로 하자면 하나의 실수는 쉽게 다른 실수를 만들어 낸다는 것이다.

   그래서 볼 앞에서 자세를 만들 때 일직선을 만드는 데 주의를 해야 한다. 요점은 바로 클럽 헤드의 위치이다. 목표를 향해 클럽 헤드를 놓고 일상적인 스윙을 시작한다. 그리고 거기서부터 지침들을 받아들여야 한다. 평소처럼 클럽을 사용하고 볼과 목표과 일치하는 지점에 자신의 몸을 두면 된다. 그런 후에 동작에 들어가서 클럽과 목표 선상을 일치시킨다. 그리고 발, 무릎, 힙, 어깨, 눈은 서로 보완이 되도록 해야 한다. 이 모든 것이 볼과 목표선상 사이에서 일직선을 이루어야 한다.

   경기 중에 두 개의 클럽을 위치시키고 경기를 하는 것은 좋은 방법이다. 이 방법은 목표선과 몸의 선에 대한 자각을 갖게 해준다. 이 연습은 당신이 기본적인 실수에 빠지는 것을 피하게 도와준다.

드라이버

5번 아이언

9번 아이언

자세 잡기 : 스탠스와 볼의 위치

볼의 위치는 가끔 골퍼와 코치 사이에 이견을 보이는 부분이다. 어떤 클럽을 사용하는지 간에 볼은 항상 같은 위치에 두고 스탠스의 넓이만을 조절한다는 의견이 있는데 만약 이렇게 할 수 있다면 완벽하겠지만 이것은 일반적으로 프로 골퍼들에게나 가능한 일이다 - 특히 스탠스 골퍼인 조니 밀러는 볼을 같은 자리에 놓는다는 이론을 찬성한다.

좀더 일반적인 부분을 살펴보면 나는 프로 골퍼를 포함한 여러 골퍼들이 다른 이론을 따르는 것을 보았다. 이 이론은 긴 클럽(드라이버, 우드, 긴 아이언 등)을 사용할 때는 볼을 앞쪽에 두고 중간 아이언일 경우에는 그보다 약간 뒤에 볼을 두며, 짧은 클럽일 경우에는 발의 한가운데 볼을 둔다는 것이다. 이에 따르면 짧은 클럽으로 볼을 정확하게 치고, 긴 클럽으로 볼을 멀리 보낼 수 있다.

정확히 얘기하면 이것은 어느 정도 경험이 있어야 가능하다. 드라이버로 티 오프를 한 후 볼의 위치를 발견해야 하고 잔디에서 아이언으로 볼을 떠 주었을 때의 위치를 발견해야 한다. 연습을 할 때 두 개의 클럽을 주기적으로 사용해 습관처럼 익숙해지도록 노력한다. 이것은 당신의 몸이 일직선을 이루는 것과 볼의 위치를 점검하는 데 도움을 준다.

그립이나 일직선 만드는 것, 자세, 볼의 위치 등을 교정하거나 연습할 때 잠시동안 불편함을 느낄 수도 있는데, 이것을 극복하지 못하면 너무나 쉽게 예전으로 돌아가 버린다. 이것은 너무나 당연한 이야기이다. 벤 호건은 이렇게 얘기했다. '만약 그립을 바꾸었는데도 편안함을 느낀다면 그립을 바꾼 것이 아니다' - 그러므로 새로운 연습을 계속하고 자세를 잡는 여러 다른 측면들에 대한 반복적인 시도를 해야 한다.

자세 잡기 : 주의할 점

잘못된 왼손 그립

만약 끼고 있는 장갑에 구멍이 났다면 조심해야 한다. 그것은 클럽이 손바닥에서 너무 높은 곳에 있다는 증거이다. 당신은 그것을 고쳐야 한다. 클럽은 왼손 집게손가락의 마디를 통과해 새끼손가락의 아래 부분을 향하도록, 대각선으로 가로질러야 한다는 것을 기억하자.

일직선 만들기

많은 골퍼들이 어드레스 시에 볼에 가까이 다가서는 자세를 취한다. 그리고 클럽 페이스를 목표를 향해 겨냥하기 전에 몸부터 겨냥하는 경향이 있다. 이것은 필사적인 스윙을 해야 한다고 생각하기 때문이다. 클럽 페이스가 먼저고 그 다음 발, 무릎, 힙, 그리고 어깨가 그 선에 일직선을 이루어야 한다는 것을 명심하자.

잘못된 볼의 위치

일반적으로 슬라이스를 잘 내는 골퍼는 볼을 스탠스 안에서 너무 앞에 두기 때문이다. 반대로 훅을 잘 내는 골퍼는 볼을 너무 뒤에 놓아서 오른발 앞에 볼이 있기 때문이다. 만약 경기 중에 이 두 가지의 실수를 깨달았다면 볼을 알맞은 위치에 놓으려는 노력이 필요하다.

허리를 숙인 자세

상체를 너무 앞으로 숙이는 것은 안 좋은 자세이다. 이것은 좋은 회전을 방해할 뿐만 아니라 균형도 망가뜨린다. 꼿꼿하게 등을 펴고, 자신감을 갖고 자세를 취해야 한다.

몸통 연습 방법

나는 깔끔하고 반복적인 스윙을 만드는 가장 중요한 요소가 몸통의 회전이라고 믿는다. 특히 몸통과 다리 사이의 관계가 중요하다. 좋은 다리 동작은 몸에 긴장을 유지하고 있건 없건 간에 중력의 중심을 계속적으로 유지하는 것이다. 그리고 이것은 스윙의 안정과 균형에 기여를 한다. 이것은 간단한 개념이다.

여기서 보는 연습은 나의 지도 철학의 정수를 보는 것이다. 그리고 완벽한 자세 속에서의 스윙을 보기 전에 나는 몸이 하는 것이 무엇인지를 정확히 알기를 원한다. 조절의 비밀은 몸의 순환과 함께 추진력을 만드는 것이다 : 오른쪽으로 먼저 도는 동작을 하고 그 다음 왼쪽으로 돌린다. 그리고 확실하게 무게를 이동한다. 다음은 간단한 기술과 함께 좀더 자세한 설명이 이어진다.

몸 동작 : 스윙을 운전하는 엔진

등 뒤로 손을 잡고 좋은 자세와 균형을 느끼도록 한다.

(1) 등 뒤로 손을 잡은 자세에서, 상체에 가벼운 바람이 불 때처럼 부드럽고 자연스럽게 오른쪽으로 이동하는 느낌을 갖는다. 그리고 무게를 오른쪽 허벅지 쪽으로 부드럽게 옮긴다. 측면으로의 무게 이동은 첫 움직임의 키포인트이다.

오른쪽 어깨의 회전에 초점을 맞추어 보면 같은 시간 동안에 상체의 회전은 오른쪽 무릎의 구부러짐과 함께 이루어진다. 오른쪽 다리가 정점에 달했을 때 가슴이 어디에 위치해야 하는가를

몸통 연습 방법

알 수 있다. 등은 완전히 목표를 향해 회전해야 하고 왼쪽 어깨는 뺨 밑에 위치해야 한다. (2)

저항을 갖는 것과 백 스윙 시에 몸을 트는 것, 상체의 근육을 풀어 주는 것, 당신은 지금 떨어진 에너지를 북돋우기를 원한다. 그리하여 어디에 진정한 문제가 있는지를 발견한다 - 이 모든 것들이 볼을 치는 순간과 관련이 있다. 이것을 하려면 무게 이동의 단계를 정확히 정착시켜야 한다. 그리고 다운 스윙을 할 때 다리를 지속적으로 흔들리지 않게 잘 유지해야 한다. 다운 스윙을 시작할 때 몸의 왼쪽 측면은 추진력 있게 풀어준다 : 왼쪽 무릎, 왼쪽 힙, 그리고 왼쪽 어깨는 목표를 향해 당겨야 한다 - 순서에 따라. (3)

항상 기억해야 할 것은 인내심이다. 당신에게는 긴장을 푸는 시간이 필요하다. 그리고 과정은 거의 본능적으로 일어날 것이다. 그러면 왼쪽 면이 순환되고 선명해질 때 몸의 오른쪽 면은 볼을 치는 순간에 강하게 볼을 쳐도 자유로움을 느낄 것이다. 그래서 스윙을 끝냈을 때는 오른쪽 어깨가 목표를 겨냥하고 있어야 한다. 무릎은 보기 좋게 모아져야 한다. 그리고 체중의 대부분은 왼쪽으로 가 있어야 한다. (4)

지금까지 당신은 균형을 갖춘 몸통의 순환과 수동적 다리 동작의 조절에 대하여 배웠다. 이제 당신 스윙의 중요한 기술을 강화하게 될 것이다. 결과적으로 볼을 직선으로 멀리 날리기 위해서는 팔과 상체를 좀더 유용하게 사용해야 된다는 것을 알게 될 것이다.

모든 훌륭한 골퍼들은 그들의 몸을 잘 이동시킨다. 만약 몸을 정확히 이동시킨다면 스윙의 좋은 흐름과 함께 빠른 속도를 만들 수 있다. 이상적으로 많은 사람들은 어드레스 시 좋은 앵글을 만들어 임팩트 시 정확한 포인트를 맞추기를 원한다. 그러기 위해서는 반복적으로 연습하는 것이 중요하다.

팔, 손 그리고 클럽

나는 좋은 몸 동작이 좋은 팔과 손의 동작보다 더 중요하다고 생각하지 않는다. 골프를 잘 하기 위해서는 이 두 가지 요소가 결정적이다. 다른 어떤 것보다도 이 두 요소가 결정적이다.

내가 강조할 것은 좋은 몸 동작은 견고함을 만든다는 것이다. 클럽 헤드를 자유롭게 움직일 수 있는 자세는 골퍼에게 볼을 치는 것과 속도를 높이는 데 자연스러운 원심력의 힘을 이용할 수 있게 해준다. 간단히 얘기해서 손과 팔 사이의 기초 작업은 샷에 대한 느낌과 볼에 대한 연습을 가능하게 해준다.

좋은 몸 동작의 무게 회전의 개념은 중력을 팔과 클럽으로 조절할 수 있는 약이나 엔진으로 비유될 수 있다. 팔, 손, 몸이 함께 동시에 작동할 수 있다면 여러분은 클럽을 잘 움직일 수 있고 이 힘은 견고한 샷과 장타를 만들어 주는 힘으로 변화할 것이다.

팔과 몸이 따로 움직이면 십중팔구 문제가 생기고, 이는 일정한 스윙을 방해할 뿐 아니라 중력의 힘을 제대로 발휘하지 못하게 한다. 결과적으로 골퍼는 스윙을 제대로 조절을 할 수 없고, 클럽 헤드의 속도를 극대화하는 데 실패할 것이다. 그리고 임팩트 시의 견고함도 기대할 수 없다. 나는 이러한 실수를 피할 수 있는 몇 개의 점검표를 제공하며 이것은 좋은 스윙을 만드는 데 안내자 역할을 할 것이다. 그리고 이것은 몸, 손, 팔 동작의 어우러짐을 만들어서 자유로운 스윙을 가능하게 할 것이다.

이동의 방식 : 클럽과 몸의 조화

일반적으로 좋은 스윙은 볼로부터 몇 걸음 떨어진 곳에서의 리듬과 템포를 갖춘 손, 팔, 클럽, 그리고 몸이 조화를 이룬 움직임이다. 이러한 요소들은 내가 말한 이동의 방식 중에서 조화를 이루며 함께 작동하는 것처럼 보인다.

개체들이 클럽 헤드를 땅으로 낮게 움직이고 정확히 안쪽의 땅으로 이동하는 것처럼 클럽과 손, 팔, 가슴을 움직여야 한다. 여기서 좋은 느낌을 갖는 것은 왼쪽 어깨가 회전할 때 왼팔을 살짝 옆으로 미는 것이다. 그래서 손이 오른쪽 허벅지 쪽으로 가까이 지나가는 것이다.

특별한 점은 클럽 헤드가 볼의 안쪽에서부터 목표를 향해 이동하는 동안 손의 선이 바깥쪽을 향해야 한다는 것이다. 이것은 중요하다. 대부분의 사람들은 손목이 구부러지길 원치 않고 안쪽 트랙에서 클럽을 너무 많이 뒤로 움직이는 것을 원하지 않을 것이다. 그리고 손이 몸에서 독립적으로 움직여서도 안 되고 클럽이 손의 바깥쪽으로 급작스럽게 이동해서도 안 된다.

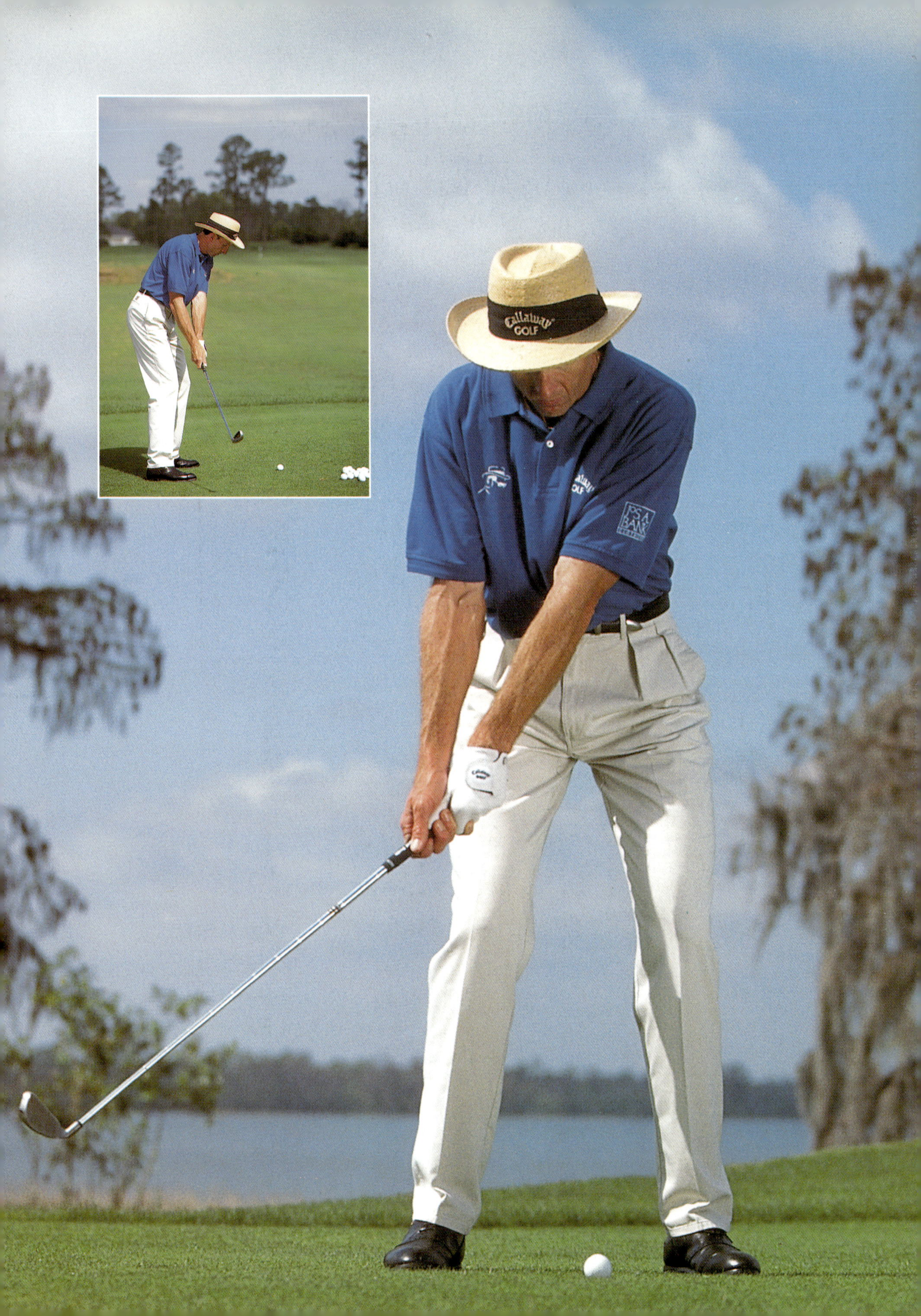
Callaway
GOLF

하프 백 스윙 : 수평면에서의 완벽한 클럽 자세

눈에 보이는 이동의 위치로부터(어드레스 시에 원래의 샤프트 면의 라인을 기준으로 이용한다) 클럽은 수평면보다 높게 서서히 올려야 한다. 그리고 손목이 코킹을 하거나 올바른 위치에 클럽을 놓을 때 당신은 좋은 그립의 장점이 어디에 있는지 알게 된다.

거울을 보면서 자세를 점검해야 한다. 오른팔을 접기 시작하고 왼팔을 가슴을 가로지르는 곳에 위치시킨다. 그리고 땅과 수평을 유지시킨다. 그립의 끝이 볼과 목표선의 안쪽 점을 정확히 가리킬 때 손은 가슴의 가운데와 반대되는 곳에 위치시킨다. 왼팔은 부드럽게 볼로부터 이동시키고 손목을 움직임으로써 이 자세를 만들 수 있다 - 매끄러운 조화는 클럽 이동의 시작이다. 그러나 이것은 손이 무릎에서 힙으로 지나갈 때 속도를 증가시킨다.

자세히 보면 오른팔의 끝은 왼쪽 팔꿈치가 땅을 가리키고 있는 동안 왼쪽보다 높이 위치시켜야 한다. 오른쪽 팔꿈치는 자유롭다 - 몸에 너무 붙일 필요는 없다 - 그리고 오른쪽 무릎이 구부러진다는 것을 알 수 있다. 다리는 모든 상체의 회전을 지지할 정도로 견고해야 한다.

가만히 서서 프로 골퍼가 몇 개의 볼을 치는 것을 보면 그의 하프 백 스윙은 굉장히 빠르다는 것을 알 수 있다. 이유는 반복적인 연습을 했기 때문이다. 이것은 굉장히 간단해 보인다. 손이 힙의 높이에 왔을 때 손목은 수평면에서 클럽을 구부린다. 그리고 이 모든 것은 마무리를 위한 어깨의 좋은 스윙이 우선되어야 한다.

하프 백 스윙 : 주의할 점

독립적인 손의 움직임

손과 팔이 몸으로부터 독립적으로 움직이면 분명히 백 스윙을 망가뜨린다. 전형적인 증상은 볼로부터 클럽이 너무 안쪽으로 이동하는 것(이것은 너무 플랫한 백 스윙을 만든다)과 클럽을 너무 급히 들어 가파른 스윙을 하는 것이다. 따라서 클럽과 손, 팔, 몸을 조화있게 움직여 일정한 선상으로 일정한 백 스윙을 한다는 것은 매우 어려운 일이다.

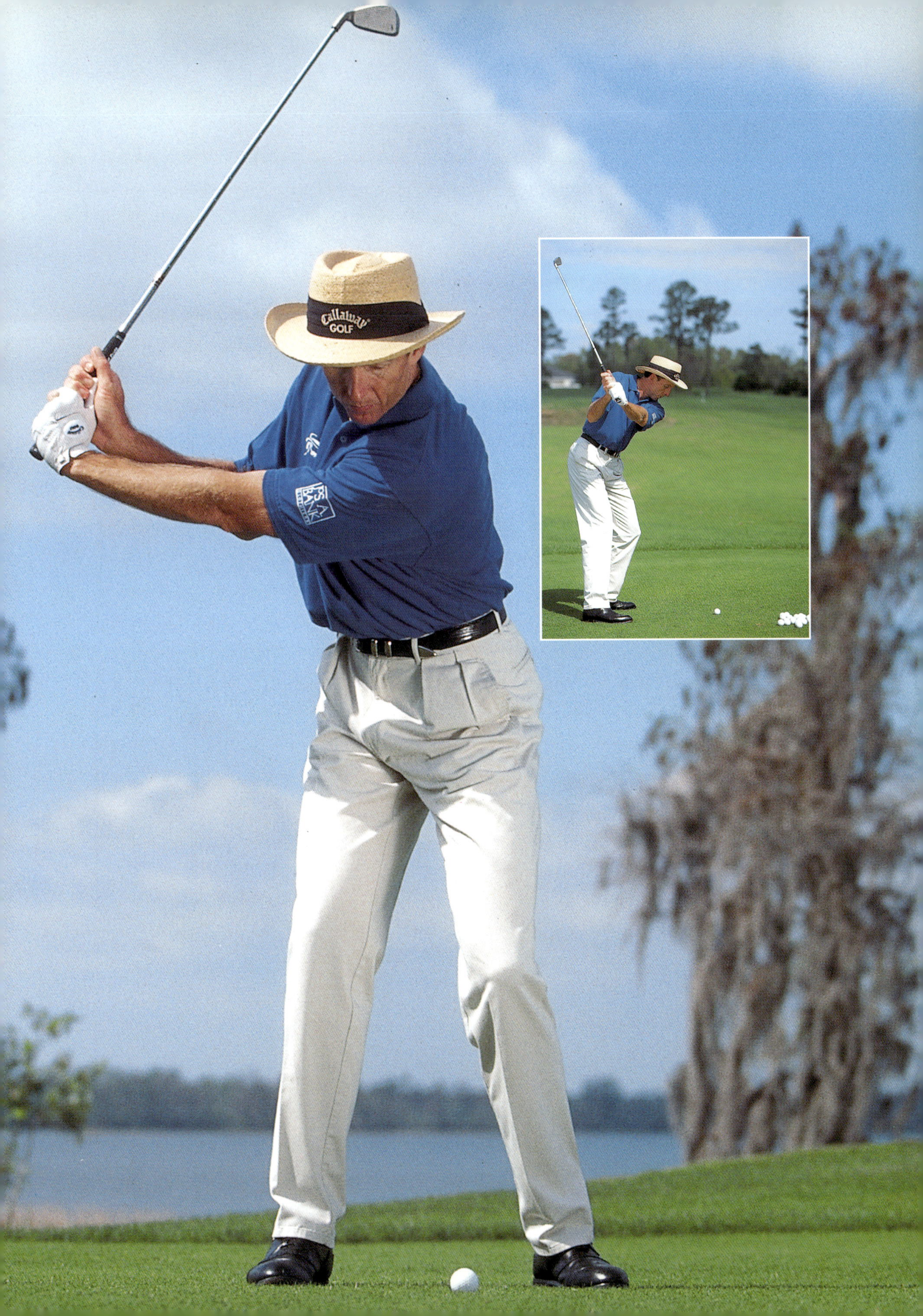
Callaway
GOLF

정점에서 : 어깨는 회전하고, 클럽 페이스는 직각으로

하프 백 스윙의 자세에서 정점에 이르는 것은 쉽다 : 상체를 완전히 회전시키고 왼쪽 어깨는 턱 밑으로 돌린다. 그리고 오른쪽 팔꿈치는 클럽을 지지한다. 턱은 편안히 오른쪽으로 돌린다. 몸의 대부분의 무게는 오른쪽에 두고 왼팔은 편안히 한다 – 이것이 백 스윙의 키 포인트이다.

점검해야 할 다른 특징은 클럽 페이스가 왼팔과 수평을 이루어야 한다는 것이다.(우리는 이것을 자연스러운 자세라 부른다) 그리고 클럽 샤프트는 목표와 일직선을 이루어야 하고 손은 머리와 일정한 거리에 떨어져 있어야 한다. 일정한 거리는 모든 이 과정을 통해 알 수 있다. 손목은 완전히 코킹이 되어 있어야 하고 왼쪽 어깨는 턱 밑에 들어가 등이 목표물을 향하고 있어야 한다.

이 기본 자세가 정확하고 빠른 스윙을 가능하게 해준다 : 자연스러운 그립과 좋은 준비 자세, 회전을 위한 어깨의 순환, 정확한 손목의 구부림이 정점의 자세에서 힘이 실린 샷을 가능하게 해주는 것이다.

정점에서 : 주의할 점

좋지 않은 무게 이동과 자세에서 벗어난 클럽

우리가 만약 뒷모습을 고려한다면 전통적인 웨이터 자세라 할 수 있는 오른쪽 팔꿈치가 90도가 되는 자세가 되어야 한다. 거울을 통해 클럽이 목표물로부터 왼쪽이나 오른쪽으로 너무 벗어나지 않았는지 점검해야 한다. 또한 일반적인 실수인 뒤로의 피벗 문제가 있는데 백 스윙을 끝냈을 때 너무 왼쪽으로 무게를 주지 않았나 확인한다. 궁극적으로 오른쪽으로의 무게 이동은 올바르고 강한 몸 동작의 비결이라는 것을 기억해야 한다.

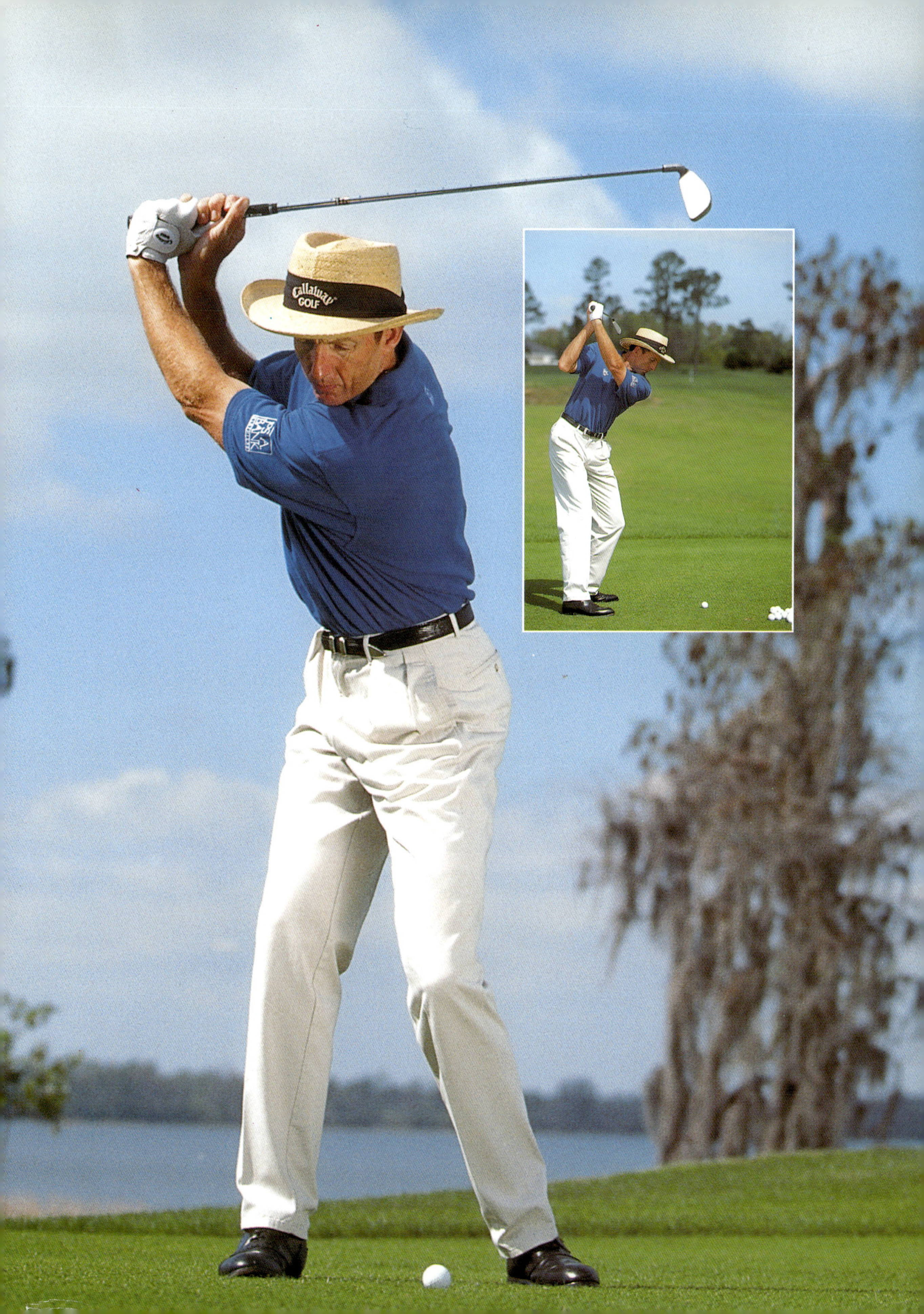
Callaway
GOLF

다운 스윙의 시작 : 감았던 상체 풀어주기

만약 정점에서 좋은 자세를 만들었고 다운 스윙의 준비가 완벽하게 되었다면 볼을 향해 천천히 클럽 헤드를 당긴다. 팔과 손은 몸의 움직임을 따를 것이고 클럽은 어드레스 시에 만들었던 샤프트 각도를 유지하며 볼 쪽으로 움직일 것이다. 당신은 지금 클럽 헤드를 정확히 내려치는 자세에 있다.

다운 스윙의 연속 동작은 알고 있는 것처럼 조절하기 어렵다. 이것은 대부분의 백 스윙의 재동작이다 : 보거나 느끼는 모든 실수는 원인보다는 결과에 의미가 있다. 이것이 내가 스윙의 시작 부분에 초점을 맞추는 것이 중요하다고 강조하는 이유이다.

몸의 꼬임을 풀기 시작하고, 무게 이동이 볼을 치기 위해 왼쪽으로 옮길 때 부드럽게 방향을 바꾸는 것은 아주 중요하다. 회전 각도를 수반해야 하고 오른쪽 팔꿈치는 오른쪽 힙 앞에서 반드시 내려가야 하며 클럽은 안쪽의 궤도에서 볼을 향해 다가가야 한다.

다운 스윙의 시작 : 주의할 점

'정점보다 높게', 신속한 몸 낮추기

백 스윙은 다운 스윙보다 쉽다. 왜냐하면 다운 스윙은 효과를 주는 것이지 잘못된 것에 대한 원인이 아니기 때문이다. 그러나 만약 비디오를 사용하여 정지 화면을 본다면 어떤 잘못들을 발견할 것이다. 대부분의 일반적인 잘못은 오른쪽 팔꿈치의 이동이 몸으로부터 너무 떨어져 있는 것과 다운 스윙을 시작할 때 목표선으로부터 벗어나는 것이다 - 이것이 전통적인 정점보다 높은 움직임이고 이는 너무 빨리 클럽을 휘두르는 데 원인이 있다. 또 다른 잘못(실력이 좋은 골퍼들에게 해당되는)은 다운 스윙시에 너무 서둘러서 무게를 왼쪽으로 이동하는 것이다. 이것은 너무 많이 미끄러지거나 하체가 회전으로부터 벗어났기 때문이다. 그리고 볼을 강하게 치려는 손의 움직임도 그 원인 중의 하나이다.

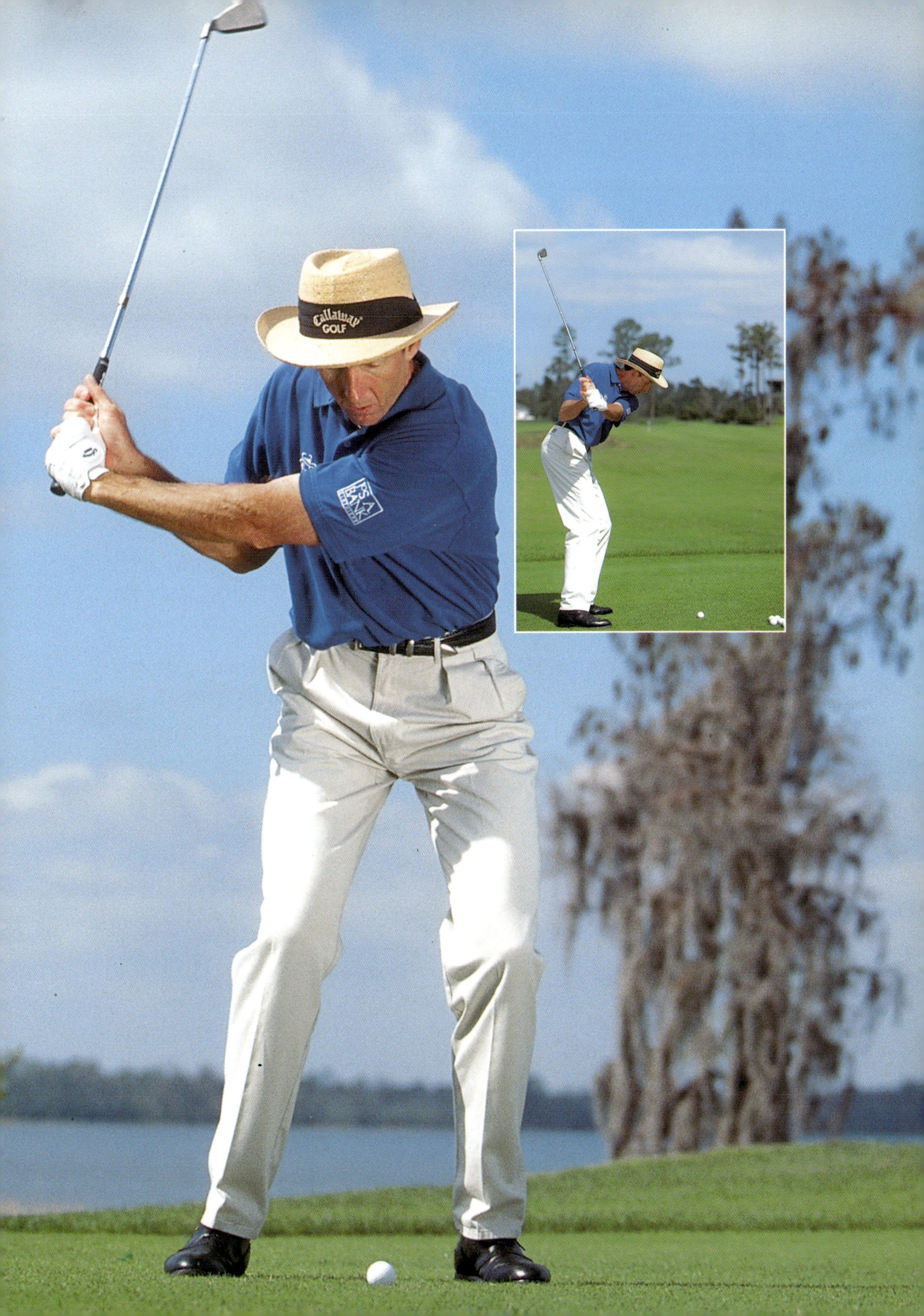
Callaway
GOLF

임팩트 : 머리는 볼 뒤쪽에, 클럽 페이스는 직각으로

   우리가 볼을 칠 때까지 좋은 회전 각도를 유지하는 것이 얼마나 중요한지 알아야 한다. 회전 각도는 회전축의 견고함을 만들고 당신에게 반복적인 스윙을 만들어 내기 위해 필요하다는 것을 알게 해주고 견고하게 볼을 치는 골퍼로 만들어 준다.

   피벗 기술은 이 장의 앞에 잘 설명되어 있고 몸 동작의 질을 발전시키기 위해 이를 활용하여야 한다. 몸을 꼬는 것과 푸는 것은 임팩트 순간까지 회전 각도를 유지해야 하고 목표를 접하기 위한 동작을 완벽히 끝냈을 때 똑바르게 스윙을 시작하는 것이다.

   나는 이점을 강조한다 : 프로 골퍼는 그들이 굉장한 속도와 함께 어드레스 시의 자세로 돌아가는 손, 팔, 클럽 페이스를 위해 그들 몸의 순환을 잘 조절한다. 손은 임팩트 시에 별 작용을 하지 않는다. 단지 가볍게 클럽 헤드를 볼 쪽으로 유도할 뿐이다. 왼손의 위치에 주의해야 한다 : 클럽 페이스를 조절함에 있어 왼손은 힘을 쓰지 않지만 강하다. 그 동안에 머리는 고정되어 있고 임팩트 후에 왼팔과 클럽 샤프트는 곧게 펴져야 한다. 그리고 몸의 왼쪽 면은 견고히 볼을 친 후에도 충격을 흡수해야 한다.

임팩트 : 주의할 점

회전 각도의 상실과 왼쪽 손목의 흐트러짐
약간의 원인들이 다운 스윙 시에 회전각도를 망가뜨리는데 이는 볼을 공중으로 쳐내려는 시도를 가지고 볼 앞에 섰을 때 공통적으로 발생한다. 또한 이것은 임팩트 순간의 견고함을 유지시키지 못한다. 이러한 잘못은 임팩트 시에 손이 강한 작용을 하려고 할 때 손목의 작용이 흐트러지기 때문에도 발생한다 - 이것이 견고함을 해치는 또 다른 요소이다.

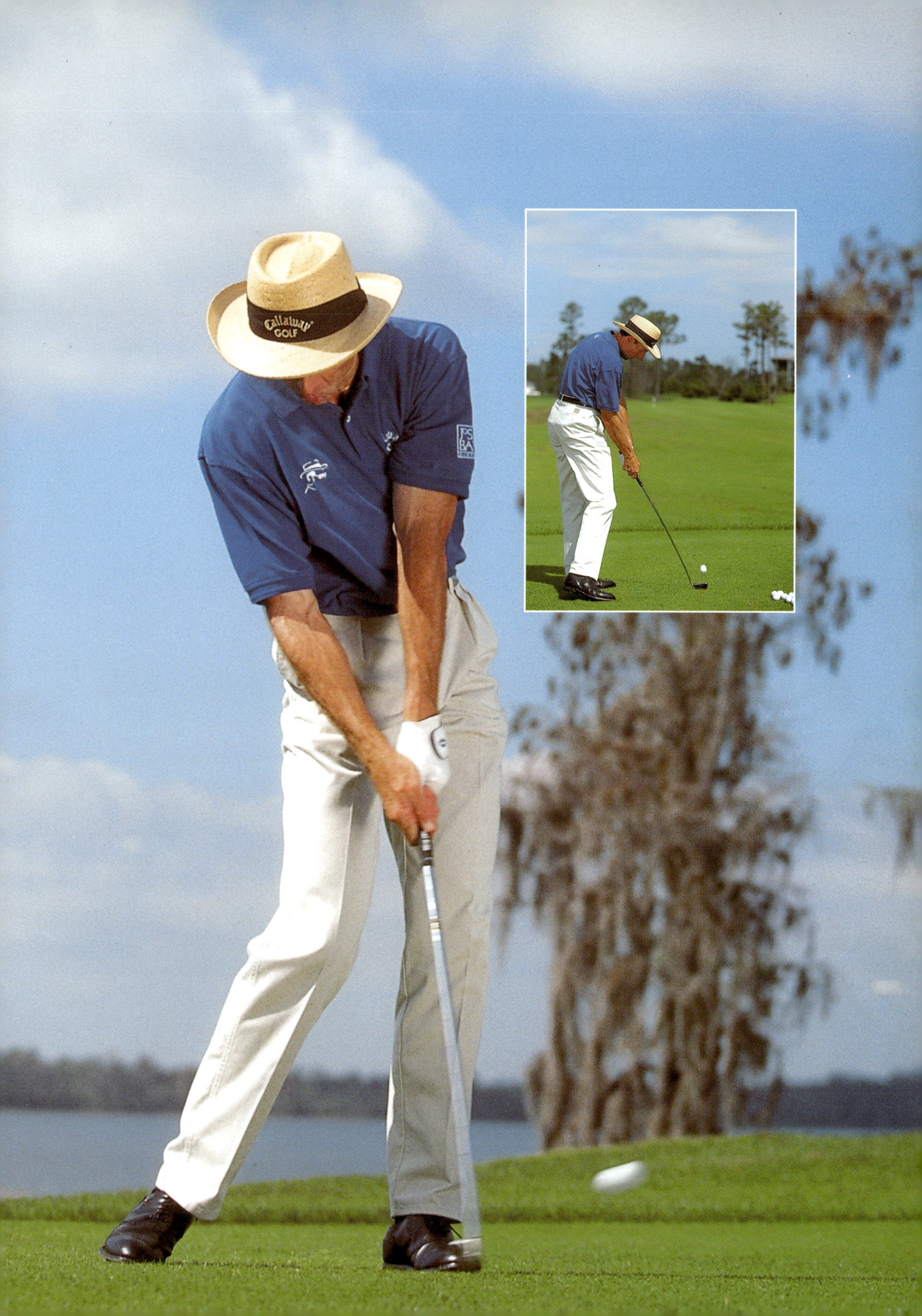
Callaway
GOLF

마무리 동작 : 오른쪽 어깨는 목표를 향하게

　당신이 완성하는 스윙 방법은 골퍼로서 당신의 능력을 말하는 것이다. 프로 골퍼는 마무리 동작에서 가슴은 목표의 왼쪽으로 향하고 오른쪽 어깨는 목표를 향하게 하는 몸의 동작을 자유롭게 구사한다 : 그들의 손은 목뒤를 가로지르는 클럽 각도와 함께 몸의 왼쪽에서 끝이 난다. 이 자세를 몇 초간 편안히 유지해야 한다.
　좋은 폴로 스루는 많은 좋은 요소들을 극대화시키고 반복적인 몸의 조절을 보여준다. 샷을 하면서 몸이 회전할 때 막대 끝에 무게가 실리는 것처럼 스윙하는 클럽 헤드에 중력이 가해진다. 그리고 볼을 치게 되는 것이다. 결국 클럽은 자유로워지고 그 힘으로 완벽하게 스윙을 끝낼 수 있다.
　나는 어떤 골퍼가 스윙을 할 때 클럽 헤드가 완벽한 마무리를 위해서 또한 몸의 꼬임을 풀기 위해 자유로이 속도가 증가되는 것을 눈여겨본다. 당신이 본 것처럼 이때 몸의 무게는 왼쪽으로 고정되어 있고 몸은 곧게 펴져 있어야 한다 - 완벽하게 균형을 이룬 자세이다. 스윙의 마무리를 잘 하는 것은 중요하다. 그러므로 이 마무리 동작을 익히기 위해 연습해야 한다.
　훌륭한 골퍼들의 스타일을 흉내내는 것도 좋은 방법이다. 만약 당신의 스윙이 향상된다는 느낌이 들지 않는다면 바로 이 연습을 그만 두어도 좋다 - 그러나 당신이 그만두고 싶은 연습이야말로 실제적으로 도움이 되는 것이다.

마무리 동작 : 주의할 점

속도 조절

짧은 폴로 스루는 임팩트 시에 속도를 줄여야 하는 것이다. 그리고 부드러운 스윙을 하는 것이라기 보다는 볼을 치는 경향을 말한다. 문제는 마무리 스윙에서 클럽 헤드에 가속을 붙이는 데서 비롯된다. 속도를 줄이게 되면 완벽한 마무리 동작이 가능하고 오른쪽 어깨가 목표쪽을 향하고 있게 만든다. 또한 임팩트 순간에는 가속을 붙여준다 - 어디서나 속도가 가장 큰 문제이다.

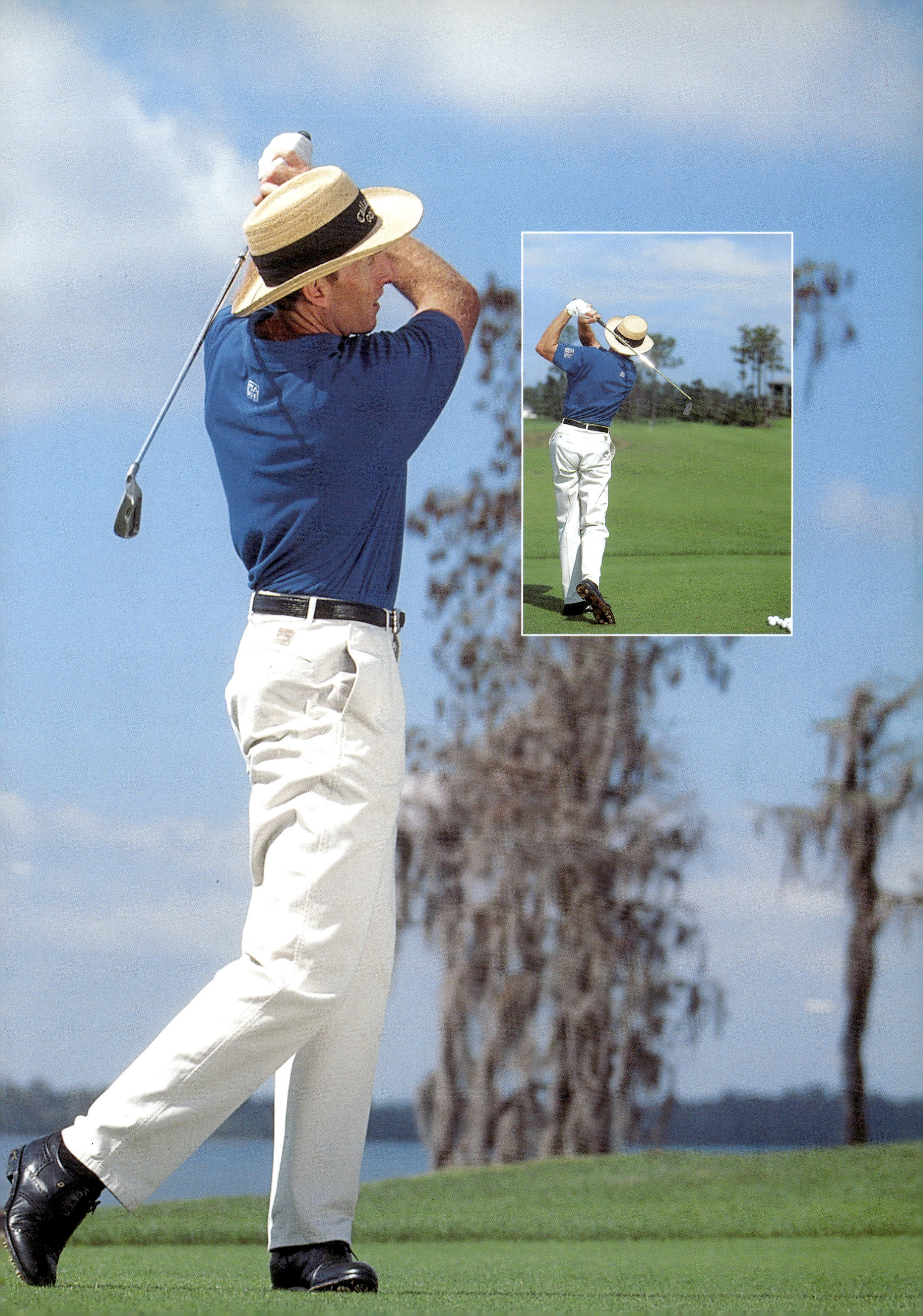

연습 기술들 : 비디오 이용하기

기술의 증진과 스윙을 발전시키는 과정에는 극복해야 할 많은 문제가 있는데 그 중 하나가 바로 실제로부터 느낌을 분리시키는 것이다. 당신이 느끼거나 생각한 것을 스윙에 적용하는 것과 실제로 벌어지는 것에는 상당한 차이가 있다. 사실, 골프 강사의 가장 어려운 점은 기본을 벗어난 서투른 동작을 보았을 때 어떤 것이 옳다고 학생들을 설득하는 것이다. 이것은 왜 믿을 수 있는 정보를 통한 점검이 중요한지를 말해 준다. 요즘에는 비디오 카메라가 가장 널리 이용되는 기구이다.

나는 비디오 분석을 통해 정보를 얻고 내가 가르치는 그냥 넘어갈 수 없는 부분에 대한 완벽한 점검을 한다. 그리고 골퍼는 자기 고유의 스윙 방법에 너무 익숙해지기 전에 스윙에 대한 기본적인 이해가 필요하다. 그렇지 않으면 간단한 이론을 복잡하게 생각하고 좋은 기술을 얻기가 힘들어진다.

비디오를 이용할 기회가 있다면 다음의 세 각도에서 자신의 스윙을 녹화해 본다.

(1) 앞장면 - 볼을 치는 위치에서 정확히 반대 방향에 위치시킨다.
(2) 옆장면 - 목표를 향한 선을 내려다본다.
(3) 뒷장면 - 뒤에서의 자기 스윙을 연구한다.

훌륭한 골퍼는 목표에서 좀 떨어진 곳에서 자신의 스윙을 관찰할 것이다 - 예를 들어 뒤에서 카메라로 찍었다면 임팩트 순간과 그 후에 무엇이 일어나는지를 볼 수 있다. 따라서 형식적으로 볼을 치려고 해서는 안 된다.

중간 아이언을 가지고 세 개의 각도에서 서너 번의 스윙을 하고 적어도 세 각도 중의 하나를 택하여 확대해서 그립과 자세 위치 등을 자세히 관찰해야 한다. 그리고는 일반적인 템포와 리듬을 알기 위해 정상 속도로 비디오를 작동시킨다. 그런 다음 슬로 모션으로 돌려보고 마지막으로 치밀한 분석을 위한 정지 동작들을 살펴본다.

중요 위치에 대한 설명은 이 장의 앞에 잘 설명되어 있다. 좋은 위치와 자세를 취한 후 시작부터 마무리까지의 동작을 해본다 : 클럽의 백 스윙 시작, 하프 백 스윙, 정점으로부터의 스윙, 임팩트와 폴로 스루까지. 몸과 팔, 손, 클럽이 모두 조화를 이루는지에 대해 관심을 가져야 한다. 또한 스윙의 궤도와 클럽 페이스를 점검하고 동작들이 잘 연결되는지 확인한다.

몸통이 어떤 일을 하는가를 알기 위해 몸의 움직임을 잡아봐야 한다. 몸의 회전과 다리 동작을 점검하고 볼을 정확히 치고 있는지를 점검해야 한다. 마지막으로 뒤에서의 장면은 자신이 정확한 무게 이동을 하는가를 보여 주고 피벗 상의 어떠한 문제가 생길 경우에는 즉각적으로 그 사실을 알게 해준다. 자신의 스윙의 범위와 넓이를 알아야 하고 클럽 헤드의 정확한 릴리즈와 좋은 마무리를 하고 있는지 확인해야 한다.

대부분의 문제는 어드레스 시에 발생한다. 그래서 세 개의 각도에서 자신의 기본 자세를 잘 보아야 한다는 것을 기억해야 한다. 좋지 않은 기본 자세는 처음 스윙의 단계에서 정상적인 자세에서 벗어나는 원인이 되고 좋지 않은 자세가 나타날 때 몸은 최선을 다해 이를 만회하려고 해서 클럽 페이스를 임팩트를 위해 잘못된 자세로 휘두르게 된다 - 다른 말로 하면 하나의 실수가 다른 실수를 만들어 낸다는 것이다. 이 점을 강조하지 않을 수 없다 : 팔과 몸의 조화로운 움직임은 견고한 스윙을 만드는 키포인트이고 그래서 비디오를 이용해서 조화가 깨지는 부분이 어디인지 알아보는 것이 중요하다.

예를 들어 만약 백 스윙 시에 팔이 정점에 오르기 전에 몸의 회전이 다 이루어졌다면 스윙은 조화가 깨진 것이다. 이상적인 방법은 상체와 팔의 동작이 같은 시간에 동시에 완벽히 이루어져야 한다는 것이다. 이런 식으로 임팩트를 통한 조화의 결과가 중요하다.

비디오 사용의 또 다른 장점은 모든 요소가 조화롭게 잘 이루어졌는지 살펴볼 수 있다는 것이다. 투어 골퍼들은 이를 통해 자신감을 갖고 연습할 때 익혔던 것을 재확인한다 - 풀 스윙뿐만 아니라 쇼트 게임이나 퍼팅도 포함된다. 나는 이 연습이 스윙에 대한 긍정적인 사고와 강력하고 올바른 이미지를 만드는 방법이라고 생각한다.

여러 개의 클럽으로 몇 번의 스윙을 통해 특별한 시기에 사용했던 주요 스윙에 대한 사고를 되새겨본다. 당신이 스윙에 대한 느낌이나 생각을 잃었을 때 이러한 이미지나 사고를 다시 떠올릴 수 있을 것이다. 필름을 통해 스윙을 보는 것이 익숙해지고 자신의 약점과 경향을 이해한다면 비디오를 통해 특정한 목적을 향해 올바른 길을 갈 수 있다는 것을 알게 된다. 이것은 치핑, 퍼팅, 벙커 플레이 등 다른 부분의 게임에도 유용하다.

마지막으로 주의해야 할 점은 비디오의 이용은 모든 이에게 자신의 스윙을 효과적으로 체크할 수 있는 도구는 아니라는 것이다. 만약 자신의 스윙에 만족을 하고 있다면 스윙을 자세히 분석하는 것은 어리석은 일이다. 이것은 벌레가 가득한 캔을 따는 행동과 똑같다. 나는 투어 골퍼들에게 특정한 시합을 정지 화면으로 스윙을 볼 것을 권한다. 그들이 볼을 잘 치는 한 나는 그들이 너무 기술적인 부분에 신경 쓰지 않도록 한다.

▶ 닉 팔도와 같은 세계적인 골퍼는 비디오를 이용하여 조화로운 기술을 만들고 스윙 동작을 확인한다.

일 대 일 : 버디 시스템(Buddy System)의 장점

나는 대부분의 잘못은 기본적인 자세로부터 기인한다고 생각한다. 예를 들어 볼을 1인치 정도 앞쪽에 놓았다거나 경기 내내 스탠스가 잘못된 경우 등이다. 이것은 회전 중에 어깨가 일직선이 되는 것을 방해한다. 이것을 정확히 알지 못한 채 스윙을 하면 당연히 잘못된 결과를 낳게 된다. 그리고 그러한 잘못된 점들은 스윙 전체에 영향을 미쳐 볼을 원하는 곳으로 보내지 못한다.

이러한 잘못들은 자신이 스스로 발견하기는 어렵다. 그러나 당신의 스타일을 잘 아는 다른 사람에게는 어려운 일이 아니다. 이것이 실제의 스코어를 줄이는 '버디 시스템' 이다. 비슷한 실력의 동료와 함께 연습하는 것은 나태함을 없애줄 뿐만 아니라 동료가 당신의 기본 기술과 일반적인 스윙의 형태에 대한 조언을 해줄 수 있다.

당신에게 필요한 것은 그립, 자세의 정렬, 볼의 위치 등 기본 사항에 대한 점검이다. 동료는 볼 뒤로의 회전이 정확한지 그리고 백 스윙할 때의 궤도와 클럽의 정확성, 마지막으로 전체적인 스윙 리듬과 스윙의 자연스러움에 대해 이야기해 줄 것이다.

▲ 야! 들어갔다. 쇼트 게임은 자세를 정교하게 만드는 가장 좋은 연습이다. 동료와 약간의 내기를 하면 경쟁의식이 생겨 자신의 기술을 테스트하는 데 도움이 된다.

▲ 동료는 당신 스윙의 그립, 기본 자세 그리고 백 스윙의 완전한 회전 등의 기본적 요소를 점검해 줄 수 있다. 그리고 당신도 동료를 점검해 준다.

 자신이 계속 해야 하는 것과 피해야 하는 것에 대해 동료에게 물어본다. 예를 들어 클럽이 너무 땅에 붙어서 이동하지는 않는가, 스윙의 정점에서 클럽 페이스가 위를 향하지 않는가 등을 물어본다. 동료는 당신의 스윙 궤도를 제대로 볼 수 있다. 그런 다음 반대로 동료를 점검해 준다. 동료가 해주는 '멋진 스윙이야' 라는 칭찬은 동기부여와 자신감을 갖게 한다.
 연습 중에 건전한 경쟁을 할 수 있는 동료를 구해야 한다. 일 대 일로 각자의 샷을 지적하고 기술을 연습할 수 있어야 한다. 6개의 볼 세트를 가지고 각각 연습을 하고 난 후에 누구의 볼이 시야에서 보이지 않는지 본다. 각각 나무 사이를 목표로 해서 볼을 낮게도 쳐보고 높게도 쳐보며 각자의 볼의 특성에 대해서 서로의 생각을 교환한다.
 쇼트 게임은 정신적인 면을 연마하는 데 많은 기회를 제공한다. 퍼팅 시합을 하고 홀에서 네 발자국 밖의 볼의 갯수가 몇 개인지 시험해 본다. 그린 주변에서 치핑이나 벙커 샷을 할 수 있는 여건을 만들고 누구의 볼이 더 핀 가까이에 갔는지 연습한다. 내기를 하면서 연습하는 것도 좋다 - 경쟁에 초점을 맞추고 몰입할 수 있는 어떤 것이라도 좋다. 그리고 연습 중에 자주 이런 경쟁을 해보고 자신이 실제 경기에서 받는 부담스러운 상황을 만들어서 해보면 더욱 효과적이다.

사인 읽기 : 볼의 비행, 샷 그리고 디벗 패턴

나의 일은 프로 골퍼를 가르치던지 주말 골퍼를 가르치던 간에 그들 스윙에 대한 이해를 통해 그들의 잠재력을 극대화시켜 개인적 경향에 도움을 주는 것이다. 이러한 이해는 자신의 게임을 좀 더 효과적으로 플레이할 수 있게 해주고 일정한 구질을 갖게 해준다.

일반적인 볼의 구질, 스윙의 조절 그리고 볼의 탄도 등을 기록지에 기록한다면, 여러분의 성공에 많은 도움이 될 것이다. 나는 하루 종일이라도 스윙의 기계적인 부분에 대해서는 설명할 수 있다. 그러나 볼이 공중에서 어떤 일을 하고 어떻게 견고한 반복적인 스윙을 만드는 지는 말할 수 없다. 보기에 좋지 않은 스윙은 임팩트 시 완전하게 볼 쪽으로 클럽 페이스를 돌려주지 못한다.

자기 샷의 궤도와 형태의 분석은 스스로 자각하고 이해해야 할 점검의 중요한 자료이다. 어떤 이는 이것이 가장 중요한 것이라고 하는데 내가 보기에는 여기에 있는 내용을 잘 읽고 너무 급히 굳은 결심을 하는 것은 좋지 않다고 본다.

예를 들어 나는 목표의 왼쪽으로 볼을 치면서 정면으로 치기 위해 땀을 흘리는 골퍼들을 보았다. 사실 그들은 간단히 말해서 임팩트를 위해 안쪽 라인에서 너무 멀리 떨어져 있기 때문이다. 그리고 손을 너무 강하게 이용해서 이런 현상이 일어나는 것이다. 그러나 그들은 정면으로 치겠다는 환상 아래 그들의 스윙은 더욱 안쪽에서 멀리 떨어지고 결국 볼을 더욱 더 왼쪽으로 치는 결과를 초래하는 것이다.

볼이 원하는 지점으로 정확하게 날아가는 것은 매우 중요하다. 그러기 위해서는 비디오 카메라를 통해 여러분 스윙에 어떤 문제가 있는지 확인해 보는 것이 좋다. 임팩트 순간에서 볼을 치려고 할 때어떤 일이 일어나는지 아는 것은 의심할 바 없이 좋은 방법이다. 그리고 볼의 비행에 대한 기본법을 아는 것도 중요하다.

주의할 점

- 대부분의 공통적인 실수는 **슬라이스(Slice)**와 **풀(Pull)**인데 이들은 같은 종류의 잘못이다. 목표의 왼쪽을 바라보기 때문에 나타나는 디벗은 스윙의 궤도의 바깥 면으로부터 볼이 너무 떨어진 채 샷을 한다는 증거이며 스윙이 너무 가파르다는 증거이다 - 공통적으로 '밖에서 안으로'의 스윙에서 만일 또한 클럽 페이스가 임팩트 시에 열리게 되면 볼은 왼쪽에서 오른쪽으로 가는 슬라이스가 난다 : 만약 클럽 페이스가 임팩트 시에 정방형을 유지하거나 닫힌다면 볼은 목표의 왼쪽으로 날아간다. 이 잘못에 대한 증거는 스윙 후 나타나는 디벗의 모양으로 알 수 있다. 디벗의 패턴은 타깃의 왼쪽을 가리키는 경향을 나타내고, 클럽 페이스의 밑 부분으로 친다는 것을 나타낸다.

- **푸시 샷(Push-shot)**과 **훅 샷(Hook-shot)**은 상당히 비슷한 관계에 있다. 이것은 볼을 칠 때 지나치게 얇은 각도로 스윙의 궤도 안쪽으로부터 볼이 너무 떨어진 이유에 기인한다 - 공통적으로 '안에서 밖으로'의 스윙에서 만일 임팩트 시에 클럽 페이스가 정방형을 유지하거나 약간 열린다면 이러한 스윙은 볼을 밀거나 목표의 오른쪽으로 가게 만든다 : 만약 클럽 페이스가

임팩트 시에 닫혔다면 결과는 훅을 만든다. 같은 방식으로 이때의 디벗 패턴은 목표의 오른쪽을 가리키는 경향을 나타내고 클럽 페이스의 윗부분으로 친다는 것을 뜻한다. 만약 당신이 드라이버나 3번 우드로 티 오프를 할 때 높거나 약한 **팝 업 샷(Pop-up shot)**을 자주 친다면 (증거는 클럽의 끝이 질질 끌린 자국이 있는 것이다) 실제의 거리를 내지 못한다. 그 이유는 너무 가파른 다운 스윙을 한다는 것이다. 그러므로 얕은 스윙의 각도를 유지하는 연습이 필요하다. 우드 클럽을 사용할 때는 업스윙 시에 볼을 빗자루로 마당을 쓸어버린다는 느낌으로 치는 것이 중요하다.

- **두껍거나 얇은 샷**은 스윙의 비슷한 결점으로부터 비롯된다. 그리고 가끔 볼을 위쪽으로 들어올리거나 퍼내기를 원하기 때문에 나타나는 결과이기도 하다. 골퍼의 정확한 무게 이동의 실패는 보통 다운 스윙 시에 오른쪽 면으로 뒤가 빠지는 것이고 그로 인해 그의 오른팔이 자유롭지 못해 릴리즈 시에 문제가 있음을 알게 된다. 이러한 현상들이 벌어졌을 때 스윙 궤도의 낮은 지점을 만들기 위해 볼을 몇 인치 뒤로 보내면 된다 - 예를 들어 얇은 샷의 경우에는 어떤 골퍼들은 남들이 클럽 헤드로 잔디를 파고 두꺼운 샷을 하는 동안 너무 완벽하게 잘못된 샷을 교정한다.

이러한 일반적인 실수를 교정하려면 제3장의 간단한 교정법을 참고하면 된다.

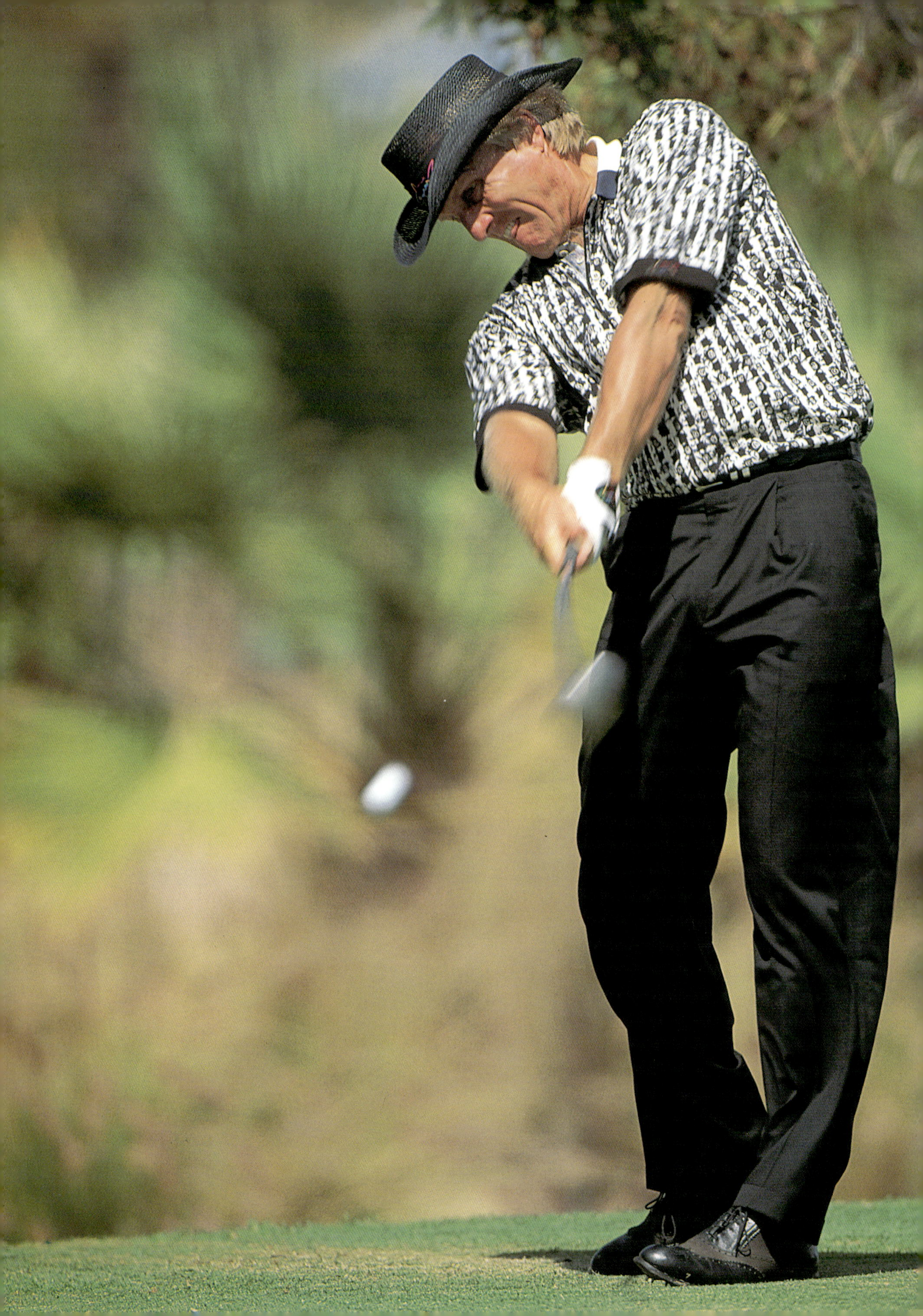

3 롱 게임

골프 강사의 임무는 선수를 교육시키고, 그가 발전할 수 있도록 도와주는 것이다. 그 다음은 각 개인의 노력에 맡기는 것이다. 나는 골퍼들이 기본기를 갖추는 것은 매우 중요하다고 믿는다. 그리고 그가 책임질 수 있는 범위 내에서, 그를 자극시키는 것도 중요하다고 생각한다. 실제로 그를 자극시키는 것과 기본기를 갖추게 하는 것은 그들이 좀더 자연스런 느낌을 가질 때까지 어떤 동작을 반복하는 것과, 스윙에 있어서 문제가 되는 것에 초점을 맞춘 연습과 기술 개발을 포함한다.

전 세계 나의 아카데미의 수많은 학생들은 집에서 볼 없이 스윙과 타법을 연습하라고 하면 곤혹스러워 한다. 대부분의 학생들은 수천 개의 볼을 치는 것이 좀더 효과적인 연습이라는 환상에 사로잡혀 있다. 하지만 집에서 특별히 엄선된 연습을 몇 분 동안만이라도 주의 깊게 한다면 대부분 그들의 실력을 얼마든지 향상시킬 수 있다고 나는 주장한다. 볼을 쳐야 한다는 것에 대한 걱정이 없다면, 기술적 측면에 초점을 맞추는 것과 반복하는 방법의 개발, 그리고 '근육 기억'이라 불리는 좋은 동작의 반복을 더 쉽게 할 수 있을 것이다.

집에서 하는 연습은 시간이 제한되어 있거나 밖에 나가기에는 날씨가 나쁜 경우에 더욱 효과적이다. 겨울은 스윙 감각이 무뎌지기 쉽다. 집에서 하는 연습은 스윙 감각을 유지시켜 주고, 이로 인해 다음에 밖에 나가 플레이를 할 때 빨리 적응할 수 있다.

스윙 연습을 할 충분한 공간이 없다면, 7번 아이언을 30인치 길이로 자른 짧은 클럽을 사용하는 등 클럽 길이를 조절하여 연습한다. 이것은 리페어 샵에서 만들 수 있다. 또한 거울을 이용해 연습한다면 매우 효과적일 것이다.

벤 호건은 '골프에서 필요한 모든 샷을 연습할 시간이 충분하지 않다'라고 말했다. 그가 아마 맞을지도 모른다. 그러나 생각을 정리하고 마음을 강하게 먹음으로써, 당신은 게임을 할 수 있는 방법을 익힐 수 있다. 생각의 수준은 골프 코스와 전략 수립에 있어서 대단히 중요한 것이다. 당신은 자신의 기술을 정확히 반복할 수 있는 정신력을 길러야만 한다. 티 연습에서 볼을 치면서 자신의 스윙을 생각하는 것이 여기에서의 핵심 내용이다. 이제 당신이 배워야 할 것들에 대해 살펴보도록 하자.

연습을 하기 위해 야외로 나갔을 때, 한 번에 5~6개의 볼을 한 그룹으로 만들어 샷을 해보자. 연습을 시작하기 위해서, 먼저 '훈련' 과정으로 설명할 수 있는데, 그룹을 세 개의 그룹으로 나누어 그 중에 두 개의 그룹을 먼저 쳐보자. 타격 연습을 하는 것은 스윙에 있어서 독특한 점을 연습하는 것을 의미하는 것이다. 첫 번째 훈련 과정에서 이 그룹의 볼들을 칠 때, 이런 타법의 독특한 체계에 대해서 생각해 볼 필요가 있다. 즉, 첫 번째 그룹의 볼은 백 스윙을 생각하면서 쳐보고, 두 번째 그룹의 볼은 다운 스윙을 생각하면서 쳐보자. 자신의 스윙에서 이루고자 하는 점을 분명히 생각하면서 쳐보자. 그리고 각 샷의 결과에 대해 너무 신경 쓰지 말아야 한다.

초점을 바꿔서 '확신' 과정으로 넘어가 보자. 세 번째 그룹의 볼을 쳐보자. 상세한 기술적 생각들은 잊어버리고 목표물에 대해서만 생각하도록 하자. 스윙을 하기 위해 박자와 리듬감에 초점을 맞추는 것은 목표물 쪽으로 볼을 칠 수 있도록 도와준다. 의식적으로 스윙 기술에 대해 생각하려고 노력하지 말아야 한다 - '믿고 때려라'라는 옛말처럼 아무 생각 없이 그냥 스윙을 하라.

이런 연습 과정을 그냥 반복하거나 또는 약간의 변화를 줄 수 있다. 내가 나의 학생들에게 추천하고 싶은 응용은 '훈련' 과정에서 5~6개의 볼을 독특한 스윙 생각을 가지고 때리는 것이다. 그리고 나서 실제로 그들의 마음을 목표물에 집중('확신' 과정에서)하면서, 그들이 샷을 할 때에 이러한 동작들이 샷 이전의 습관이 되도록 하는 범위 안에서 몇 개의 샷을 하는 것이다.

이러한 형태의 연습은 코스 밖에서 기술을 적용하는 데에 효과적이다. 두 가지 다른 종류의 연습 과정은, 코스에서의 적용과 같이 가장 중요할 때 실제로 좋은 스윙을 반복하는 것과 기술을 습득하는 것 둘 사이에 적용할 수 있는 연관성을 만들어 주기 때문에 중요한 것이다. 스윙에서 새로운 동작을 연습하고 훈련하는 것은 배움의 다른 형태이다. 그러나 코스에서 이 기술을 자동적으로 적용하기 위해서는, 연습에서 달성할 수 있다는 것에 대해 믿는 것을 배워야만 하고, 집중할 수 있는 마음가짐을 유지할 수 있는 능력을 가져야만 하는 것이다.

그리고, 비밀이 하나 있다. 투어 플레이어가 자신의 최고의 자세로 샷을 하고 있을 때, 그의 마음가짐을 테스트해 보면, 아무런 마음의 방해 없이 그는 단순히 스윙을 하고 있다는 것을 알 수 있다. 그의 모든 생각은 긍정적이다. 그는 샷을 마음속에 그려보고, 단순히 볼을 치는 것이다.

롱 게임 기술에 대해 상세하게 알아보기 전에 한 가지 충고를 하자면, 연습을 많이 하면 할수록, 실력도 늘 것이라는 믿음을 갖지 말아야 한다는 것이다. 골프는 과학이 아니다. 너무 오랜 연습은 집중력을 떨어뜨린다. 개인적으로 우리들 모두는 효과적으로 연습할 수 있고, 집중할 수 있는 다양한 출발점을 가지고 있다 - 먼저 자기 자신을 이해하는 것을 배워야 한다.

자기 자신의 약점과 경향을 이해하는 것은 롱 게임을 배우는 데 있어서 기술의 한 부분이고, 동시에 현명하게 연습 시간을 사용하는 것도 롱 게임 기술의 한 부분이다. 스윙이 어느 정도 익숙해지면, 쇼트 게임을 하기 위해 밖으로 나가보자. 중요한 점은 자신의 약점을 연습하는 것이지 장점을 더욱 만족하게 만드는 것이 아니다.

기술의 습득

완벽한 자세 만들기 : 좋은 몸의 각도를 만들고 유지하기

여기에서 보는 기술은, 볼을 치기 위한 준비 자세를 취하는 셋 업과 좋은 자세를 만드는 감각을 평가할 수 있도록 내가 가르칠 때 사용하는 것 중의 하나이다. 특별히, 이것은 하체를 곧고 적당하게 해주고, 턱을 정확히 위치시키도록 해주며, 올바른 턴을 할 수 있도록 척추 각도를 맞추어 준다.

클럽을 이용하여 오른손은 그립을 쥐고, 왼손으로는 클럽 헤드를 쥐어보자. 등 뒤로 클럽을 넘기고(그림에서 보는 바와 같이), 몸에 그것을 바싹 갖다 붙여 보자. 다리가 안정적인 상태에서 무릎을 약간 굽히고 그와 동시에 힙도 부드럽게 구부림으로써 클럽이 엉덩이에서부터 척추 각도와 일치하는가를 느껴보자. 등의 아랫부분은 곧게 펴도록 해야 한다.(심지어 약간 움푹 꺼진 듯 하게) 동시에 어깨는 긴장을 풀어야 한다. 머리가 클럽 손잡이에 닿거나, 그 일직선상에 놓여지면 안 된다. 목의 긴장을 풀고 머리를 약간 앞으로 숙여보자. 이렇게 마무리하면 역동적인 자세가 되고, 이 자세는 좋은 스윙을 반복할 수 있도록 해준다.

여기에서 한 가지 덧붙이면, 몸통이 목표물 쪽에서 약간 멀리 기울어져야 한다는 것이다. 다시 말하면, 우리가 흔히 일컫는 패시브-포지션처럼 몸 오른쪽 부분이 왼쪽 부분보다 낮아야 한다. 그리고 확실히 상체는 목표물 쪽으로 구부리면 안 된다. 왼쪽 어깨를 제 위치에 놓음으로써, 당신은 자신이 서야 할 적당한 볼 뒤의 위치를 잡을 수 있을 것이다 - 이런 마무리가 당신에게 좋은 스윙에 대한 역동적 모습을 제공해 줄 것이다.

실제 연습 : 일치감을 가지고 스윙을 하자

좋은 백 스윙이란, 몸이 회전함으로써 만들어지는 궤도 안쪽 길로 클럽 페이스가 움직이는 것이다. 백 스윙을 잘 하려면 당신은 하나의 스윙 동작을 만들어 내기 위해 함께 움직이는 자신의 팔과 어깨, 그리고 클럽 헤드에 대해 생각해 봐야 한다.

이런 백 스윙을 연습하기 위해서는, 치려고 하는 볼의 뒤쪽에 두 번째의 볼을 놓아보자. 그리고 스윙을 시작하기 위해 클럽을 뒤로 끌 때, 두 번째 볼을 의식적으로 치도록 노력해 보자. 이런 의식적인 동작으로 두 번째 놓인 볼을 쳐서 멀리 보내고, 백 스윙을 끝마쳐 보자. 그리고 나서 샷을 하기 위해 다시 반대로 클럽을 휘둘러보자.

이러한 타법은 많은 이익이 있다. 두 번째 볼에 초점을 맞추는 것은 1)클럽을 들어올리고 2)안쪽으로 클럽을 튀어 오르게 하거나 3)그 궤도 밖으로 클럽이 벗어나는 경향들을 제거시켜 준다. 팔과 몸을 하나처럼 움직이도록 해주고, 리듬감과 폭에 대한 감각을 심어준다 - 철저한 백 스윙을 유지할 수 있는 수준으로.

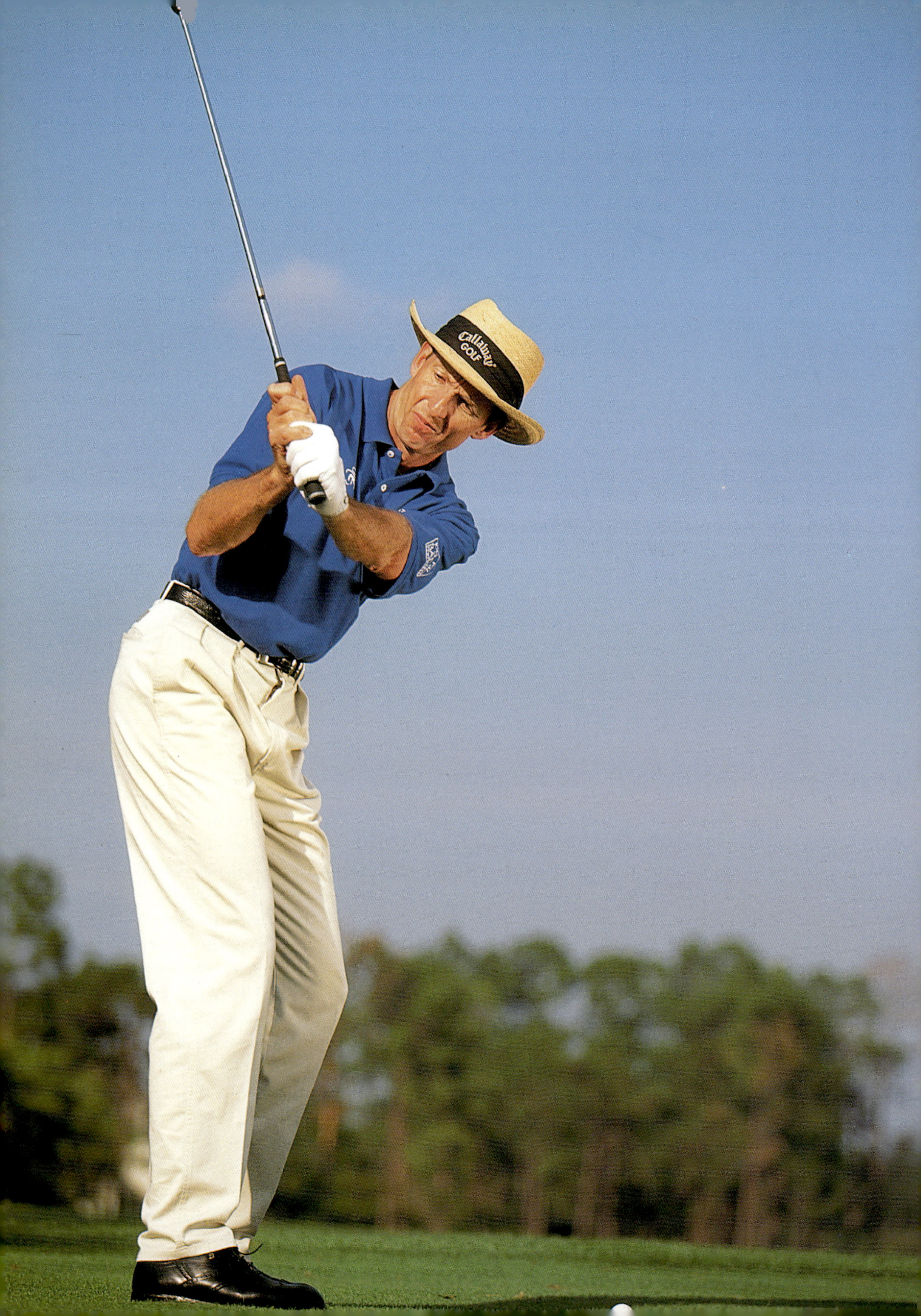
Callaway
GOLF

준비, 끌어올리기, 그리고 샷 : 더 나은 백 스윙을 위한 연습

　스윙을 올바르게 시작하는 것의 중요성과 손목 동작의 올바른 사용을 잘 숙지해야 한다. 왜냐 하면, 당신이 백 스윙 자세 중간에 있다면, 견고한 백 스윙을 하기 위해서는 왼팔이 땅에 평행을 이루고, 손목은 세워져 있으며, 클럽은 평행되게 있어야 한다. 여기에서 필요한 모든 것은 견고한 자세로 정점에 다다르기 위해서는 어깨를 완전히 90도로 돌리는 것이다. 이것이 내가 대부분의 의식적인 생각이 준비 자세와 스윙의 처음 부분에 중점이 되어져야 한다고 믿는 이유이다.

　7번 아이언을 가지고 그립을 잡고, 이 자세의 뒷부분에 중점을 둬보자. 손이 엉덩이 높이에 이르렀을 때, 손은 땅에 평행을 이루고, 가슴을 지나서 가까이에 놓여진다. 그리고 손목은 똑바로 세워진다. 그림에서 보듯이, 가슴 중간부분은 손과 정반대에 놓여지게 된다. 그리고 오른쪽 팔뚝은 왼쪽 위에 보인다. 클럽은 스윙 궤도 안쪽에 놓여져야만 한다.

　이제는 좀더 나은 단계를 연습해 보자. 자세의 중간부터 클럽을 끌어올리는 동작은 몸통의 조절에 의한 것이다. 상체와 상관없이 팔을 올렸다 내렸다 하지 말아야 한다. 요점은 좋은 백 스윙을 위해, 남겨진 짧은 거리에서 가슴과 어깨로 클럽을 끌어올려야 하는 것이다.

　스스로에게 '끌어올리고 하나 둘 스윙'이라고 말해 보자. 셋을 세는 동안 백 스윙의 정점에 클럽이 도달하고, 끝내기 위해 샷을 시작하는 것이다. 숫자를 세는 것은 리듬을 조절해 주고, 그리고 몸을 회전하는 것은 완벽한 백 스윙 자세를 만들어 준다. 몇 분 동안 이것을 해보고 나서 이 타법으로 볼을 쳐보자.

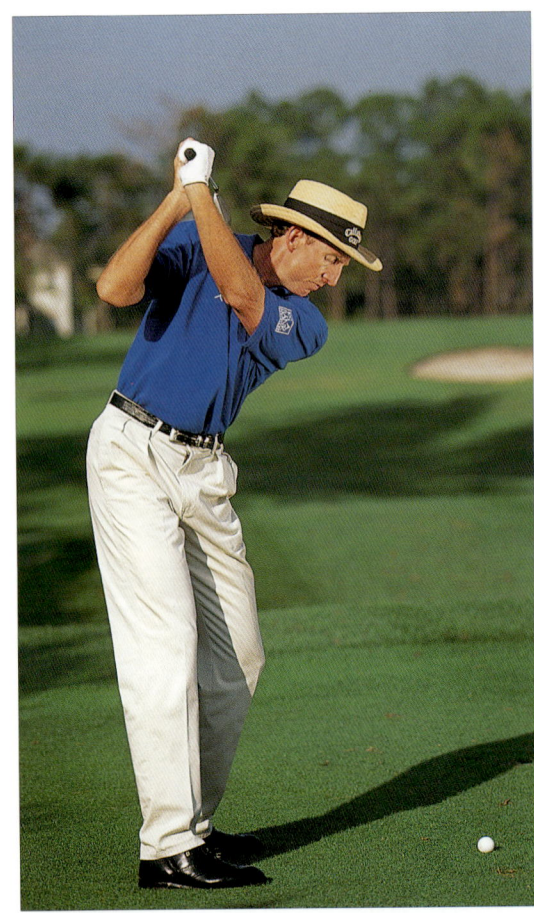

각도와 자세 : 스윙의 정점에서 자세를 체크하는 방법

    나는 골퍼를 관찰할 때 몇 가지 중요한 스윙 자세를 본다. 예를 들어 백 스윙의 정점도 중요한 것 중의 하나이다. 아주 상세한 기술적 차원으로 다루지 않는 경우에, 좋은 백 스윙이란 어깨가 회전하여 만든 각도보다 팔이 이루는 각도가 더 가파르게 된다. 목표에 향하는 궤도와 클럽은 평행을 이루면서, 오른쪽 어깨와 머리 사이에 왼팔이 대략적으로 중간쯤 위치하는 것이다.

    그림에서 보여주듯이, 위의 테스트는 매우 빠르게 자기 자세의 수준을 파악할 수 있게 해준다. 그리고, 볼을 칠 경우 스윙을 파악해 볼 수 있는 간단한 방법이기도 하다. 클럽을 잡고 정점까지 스윙을 해보자. 그리고 나서 클럽의 그립을 느슨하게 잡고, 클럽을 떨어뜨려보자. 클럽이 대략 오른쪽 어깨의 올라온 제일 위쪽에 떨어져야 한다. 이것은 백 스윙이 정확한 자세를 이루기 위해 필요한 사항들인 것이다. 그리고 나는 이것을 스윙의 일치를 위한 필수적인 요소로 생각한다.

    클럽이 당신의 머리에 떨어지면, 자신의 스윙은 너무 치켜 올라간 상태이다. 클럽을 떨어뜨렸을 때, 몸 뒤쪽으로 클럽이 떨어졌다면, 스윙이 너무 평평하게 된 상태인 것이다. 이 두 가지 모두의 경우에, 당신의 팔과 몸은 스윙의 일치성에서 벗어나 있는 것이다. 정상적인 자세에 자신의 몸의 회전과 스윙을 일치시킬 수 있을 때까지, 큰 거울로 위의 사항을 연습해 보자. 이런 연습을 해냈을 때, 타격 자세의 일치감과 수준, 둘 다 개선시킬 수 있을 것이다.

오른쪽 무릎에 의지한 타법 : 몸을 회전한 후 그 자세를 유지한다

내가 골퍼에게 충고할 중요한 사항은 오른쪽 무릎에 유연성을 유지하고, 그리고 나서 백 스윙을 하고는 과정에서 그 무릎의 유연성에 의해 회전을 하라는 것이다. 오른쪽 다리를 똑바로 펴고 큰 근육에 의해 회전되어야 하는 오른쪽 부분의 자세가 흐트러지는 것은 내가 흔히 보는 실수들이다. 유연한 무릎은 어떤 흔들림이나 지나친 머리의 회전을 막는 지지대 역할을 한다. 오른쪽 부분의 회전 감각도 좋게 해준다. 이것은 스윙에서 '유지'와 '지레 작용'의 원리와 관계가 있다. 넓은 범위에서 하체는 상체의 회전을 유지해 줘야 하는데 유연성 있는 무릎은 바로 이것을 할 수 있게 한다.

7번 아이언을 가지고, 스탠스 중간에 볼을 놓아보자. 그리고 왼발 앞쪽이 오른발 뒤꿈치에 오도록 왼발을 뒤로 끌어보자. 그리고 나서 오른쪽 무릎으로 '앉는다'는 생각으로, 백 스윙을 해보고, 자신의 몸통에 있는 보다 큰 근육을 회전시킬 때, 오른쪽 무릎에 느껴지는 감각을 느끼도록 하자.(이 감각을 높이기 위해, 왼발 뒤꿈치를 땅에서 약간 떼어보자.) 한두 개의 샷을 한 후에, 다시 정상적인 스탠스로 돌아가서 볼을 쳐보자. 오른쪽 무릎에 앞서와 똑같은 감각을 가지도록 노력하자. 주기적으로 이 기술을 연습하면 하체의 유지감과 균형감을 느낄 수 있다. 그리고 이것은 등 뒤의 근육이 사실 효과적으로 회전할 수 있도록 해준다.

클로스 스탠스 타법 : 볼을 통한 회전의 개선

　이 타법은 몸의 핵심적인 역할을 강조하기 위해 고안된 것이다. 그리고 이 타법은 오른쪽 부분을 회전시키거나 안정적으로 고정된 왼쪽 부분에 의해 몸을 다시 풀어줄 때, 볼에 대한 타이밍을 개선시켜 줄 것이다. 그렉 노먼(보통 이런 타법을 선호하지 않았던)은 이끌어지는 자신의 다리에 반대하여 자신의 상체를 회전시킴으로써 그의 오른쪽 부분을 이용한다.

　중간 아이언을 가지고 자신의 스탠스 중간에 볼을 놓은 다음, 오른쪽 다리를 자신의 왼쪽 뒤꿈치에 오도록 뒤로 끌어보자. 또 볼에 조금 더 가까이 다가가 보자. 명심할 것은 이렇게 하는 것이 자신의 다리 자세를 정돈하는 데에 유효해야 한다는 것이다. 스탠스가 좀 심하게 뒤로 빠졌더라도, 자신의 엉덩이, 어깨, 그리고 시선은 여전히 목표 궤도와 평행을 이뤄야 한다.

　완전한 백 스윙을 하는 것은 이제 상대적으로 간단한 일이다.(뒤로 빠진 스탠스는 목표로부터 오른쪽 부분이 멀어지면서 회전하는 것을 확실하게 도와준다) 그러나 이런 자세의 효과는 다운 스윙을 통해서 느껴진다. 첫번째는 이 클로스 스탠스로 스윙하는 것은 우리가 종종 말하는 '안정된 왼쪽 부분'에 의한 완전한 샷 감각 경험할 수 있게 해준다. 그리고 당신의 왼쪽 부분이 '때리는 것'을 유지해 줌으로써, 오른쪽 부분이 실제로 동작에 들어가고 볼을 때릴 수 있는 것이다. 두

번째는 자신의 상체를 올바르게 회전시키는 것을 배웠을 때, 클럽이 좀더 나은 궤도로 볼에 다가간다는 것이다. 이 결과 임팩트 순간에 클럽 페이스가 직각을 이루게 될 것이고, 좀더 일치된 타구 결과를 가져오게 될 것이다.

정점에서 스윙을 시작해 보자. 상체가 목표에서 멀어졌을 때, 당신은 이제 왼쪽 부분의 측면에 움직임이 있기를 원한다. 그리고 오른쪽 다리, 무릎, 엉덩이가 올바른 위치에 다다랐을 때, 자신의 팔들은 서로 함께 하향의 동작을 취한다. 이런 변화 동작을 했을 때, 자신의 오른쪽 전체는 임팩트 순간 회전력을 갖는다. 그리고 자신의 가슴이 볼을 향해 회전하는 것을 느껴야만 한다.

클로스 스탠스 타법은 하체를 좀더 안정적으로 만들고, 일치감을 가지고 백 스윙 동작에 들어갈 수 있게 해준다. 왼쪽 부분이 너무 빨리 빠져버리면 오른쪽 부분은 주춤하게 되고, 충분한 힘을 전달해 줄 수 없게 된다.

명심할 것은 몸의 큰 근육을 사용하는 것은 볼에 좋은 영향을 주게 된다. 왼쪽 부분은 확실히 안정적인 상태가 되어야 한다 - 그리고 정확히 이 타법이 당신에게 이 점을 가르쳐 줄 것이다. 클럽을 너무 많이 안쪽에서 바깥쪽으로 스윙하고, 목표물의 오른쪽에 볼 자국이 남아 있는 혹을 내는 플레이어에게 나는 이 타법을 추천하고 싶다. 이 타법은 임팩트 순간에 자신의 손이 왼쪽 다리를 가깝게 지나갈 때, 클럽이 정확히 그 궤도를 따라 움직일 수 있도록 도와줄 것이다.

앞뒤로 스윙하기 :
관성 훈련

 골프란 다른 구기 종목과 같지 않아서, 당신의 운동은 반동적이다. 즉, 볼은 고정적이기 때문에, 골프 스윙에 있어서 스윙을 시작할 때 리듬과 박자를 가져야 하는 것이다. 그리고 연습에서 이런 리듬과 박자를 갖기 위한 한가지 방법은 클럽을 앞쪽으로 몇 피트 내민 후에, 그곳에서부터 스윙을 시작하는 것이다. 그저 클럽을 뒤로 끌어들이고, 스윙을 끝내기 위해 그리고 볼을 때리기 위해 이런 동작을 계속해 보자.

 좋은 박자란 골퍼들 사이에는 당연한 것으로 받아들여지고 있다. 그리고 이 스윙을 시작하는 것은 자신 스스로 반복할 수 있는 박자를 찾고, 그 박자를 개발하게 도와준다. 다운 스윙시에 볼을 치려할 때 그저 클럽을 가지고 볼을 쓸어 치듯이 자신의 운동에 대한 힘을 클럽에 전달시켜 보자.

 리듬과 균형에 있어서 또 다른 타법은, 모래에 발을 댈 필요가 없다면, 페어웨이 벙커 밖에서 샷을 하는 것이다. 많은 플레이어들은 이 타법을 깊이 신뢰하고 있다. 중간 아이언을 가지고, 비교적 고정되어 있는 다리 위의 상체를 회전시켜 보자. 당신이 볼을 깔끔하게 치려면, 정확해야만 한다. 지나친 하체 움직임은 당신이 샷을 실수하게 되는 원인이 된다. 샘 스니드는 맨발로 똑같은 결과에 이르기 위해 볼을 쳤다. 어떤 누구도 그가 했던 것보다 더 나은 스트로크를 하지 못했다.

오른쪽 부분을 풀어주고…
목표물 쪽으로 볼을 날려보자

 골퍼를 위한 최상의 기술은 짧은 아이언을 가지고 오직 오른팔만으로 몇 개의 샷을 함으로써 배울 수 있다. 이것은 많은 이익이 있는데, (1) 오른팔만을 가지고 하는 스윙은, 백 스윙 시 회전하는 오른쪽 부분의 감각을 느끼게 해주고 (2) 그것은 정점에서 오른팔의 중요한 위치에 대해 초점을 맞출 수 있도록 해준다. 그리고 (3) 목표물 쪽으로 스윙을 할 때, 적정한 각도와 단계로 볼에 클럽을 접근시키면서 오른팔의 긴장을 풀어주고, 오른팔을 곧게 펼 수 있는 좋은 감각을 느끼게 해준다 - 특히 슬라이스를 치는 플레이어들에게 효과적이다.

 9번 아이언을 가지고, 몇 개의 볼을 차례로 쳐보자. 백 스윙 시 팔꿈치가 전형적인 L자 모양이 되어서 오른손이 클럽을 받쳐줄 때, 스윙의 정점에서 클럽이 견고하고 적정한 위치에 이를 수 있도록 집중해 보자.(처음 이 동작을 연습할 때, 좋은 자세를 만들기 위해 왼손으로 오른쪽 팔꿈치를 받쳐주면서 해보자) 그리고 나서 스윙을 시작할 때, 사이드 암 형태의 스윙에 관해 생각해 보자. 이것은 효과적으로 풀 스윙을 마치기 위해 오른쪽 팔로 클럽 헤드를 스윙할 때, 스윙 각도를 조절해 줄 것이다.

 자신감이 생겼을 때, 서서히 속도를 내고 오른손과 팔뚝으로 공격적으로 볼을 칠 수 있을 것이다. 이것을 잘 할수록 다운 스윙이 넓어지고, 볼을 더 잘 칠 수 있게 된다.

 이것은 실제로 방향 전환을 위한 좋은 훈련 방법이다. 그래서 정점에서 스윙을 할 때, 너무 빨리 볼을 치지 않게 자신의 몸과 팔을 함께 일치시켜 스윙할 수 있게 해준다. 닉 프라이스는 보통 기본기로 이런 타법을 사용하여 완벽한 샷을 때린다. 이 타법은 오른쪽 부분의 동작에 대한 감각을 강화해 주기 때문에 왼손잡이에게 효과적이다.

임팩트에 대한 감각 : 감각 훈련 후 공을 쳐본다

    나는 두 개의 '임팩트' 기술을 제시하려고 한다. 하나는 연습장에서 볼을 치며 연습할 수 있는 것이고 다른 하나는 나중에 연습하겠지만, 좋은 임팩트 위치에 대한 감각을 강화할 수 있도록 집에서 연습하는 것이다.

    연습장에서 임팩트 순간에 이르기 위해 노력하는 시간을 갖는다는 것은 자신이 연습하려고 가지고 있던 생각들을 실제와 연결시켜주는 최고의 유용한 방법이 될 수 있다. 그래서 때때로 좋은 임팩트 위치를 추정해 보기 위해 느린 동작으로 스윙을 하거나, 볼에 클럽을 갖다 대볼 필요가 있는 것이다.

    이 연습의 요점은 시작점으로써 이런 추정된 임팩트 위치를 이용하는 것이다. 일반적인 자세로 클럽을 뒤로 스윙해 보자. 그리고 임팩트 감각을 얻기 위해 몇 개의 샷을 해보자. 이 연습은 좋은 임팩트 감각이 무엇인가 하는 것에 대해 인식할 수 있는 능력을 강화시켜 줄 것이다.

태양과 그림자 : 공 뒤로의 몸의 회전

　여기에서는 자신의 몸 동작을 체크하는 적절한 요령을 가르쳐 준다. 아래의 사진에서 보는 바와 같이, 스윙의 정점에서 자신의 자세를 체크하기 위해서 태양에 비춘 그림자를 이용한다. 그리고 특별히 볼 뒤쪽으로 완전히 회전했을 때의 모습을 체크할 수도 있다. 이것을 하기 위해서는 태양과 등을 지고 서야 한다. 그리고 자신의 그림자를 내려다 볼 때, 그 그림자의 가슴 가운데에 볼을 놓아야 한다. 그 볼은 스윙을 할 때 표식이 되는 것이다. 요점은 상체를 스윙의 정점에 이르렀을 때 볼 뒤쪽으로 완전히 돌리는 것이다.

　명심해야 할 것은, 만약 백 스윙 시에 자신의 몸무게를 옮기지 못하거나 볼 뒤로 완전히 몸을 회전시키지 못한다면, 다운 스윙에서 결코 볼은 칠 수가 없을 것이라는 것이다. 몸을 회전시키기 전에 '체중이동'을 해야만 한다. 그리고 이 연습은 그림자가 사실상 볼 뒤에 위치할 수 있는지 없는지를 판가름해 줄 것이다.

　그래서 땅 위에 놓인 그 볼을 의식하면서, 안정적인 다리 동작에 의한 상체의 회전을 강조하는 것이다. 그리고 큰 근육들을 회전시켜 보자. 스윙의 정점에 다다랐을 때, 완전히 회전했는가를 알아보기 위해 자신의 그림자를 내려다보자. 그리고 몸무게를 이제는 자신의 오른쪽 부분으로 이동해 보자. 가슴은 자신의 오른쪽 다리 위에 놓여져야 하고, 왼쪽 무릎은 굽히고, 그림자는 볼의 오른쪽에 있어야 한다.

　유연성이 부족한 플레이어는 여기에서 자신의 스탠스를 조절하고, 오른쪽 발뒤꿈치는 원래 자리에서 다소 밖으로 회전시킴으로써, 스스로 해볼 수 있는 것이다. 굳건한 오른쪽 발은 백 스윙 시에 몸의 오른쪽 부분의 회전을 도와주고, 볼 뒤에 자신의 그림자가 위치하도록 해준다.

연습

무거운 클럽을 사용하는 훈련 : 힘과 유연성 기르기

무거운 클럽을 가지고 하는 스윙의 이익은 세계적인 골퍼들에 의해 오랫동안 평가되어져 왔는데, 이러한 세계적 선수들 대부분은 좋은 자세에서 그들의 몸과 스윙을 유지할 수 있는 정상적 자세를 갖추고 연습을 한다는 것이다. 요즘 매장에는 많은 훈련장비들이 있는데, 자신의 골프 근육을 강화하기에 좀더 알맞은 것을 찾기 위해 신중을 기해야 한다.

근래에 우드는 거의 일용품화 되었지만, 낡은 우드를 찾게 된다면, 밑바닥 플레이트를 떼어내고 클럽의 앞부분에 어떤 조치를 취하던가, 아니면 이러한 조치를 해줄 수 있는 수리 센터를 찾아보도록 하는 것이 좋다. 또한 그 수리 센터에서는 알맞게 무게를 조정할 수 있도록 도와줄 것이다.

아니면 옆의 그림에서 사용되는 것처럼, 특별히 고안된 무거운 스틱을 사용해도 된다. 장비가 갖춰졌다면, 천천히 시작하는 것과 반복해서 여러 번 연습하는 것이 중요하다. 처음에는 천천히 클럽을 스윙하다가 점차적으로 속도를 올리도록 하자. 여분의 무게에 의해 스윙의 중요한 포인트를 알게 될 것이다. 훈련 계획에서 이러한 연습을 포함시키는 것은 클럽 헤드의 조절과 스윙 감각에 있어서 굉장한 차이를 느끼게 해준다. 이러한 훈련을 위해 자신의 근육을 강화하거나, 만족할 만한 회전을 할 수 있게 될 것이다. 그리고 속도와 거리 산출에 대한 자신의 진정한 잠재력을 깨달을 수 있고, 자신의 능력을 더욱 향상 시키게 될 것이다.

임팩트 순간의 압력 : 치는 순간 힘의 느낌

이것은 실제적 저항력의 차이를 느낄 수 있게 해주는 것을 제외하고는, 먼저 논의했던 '아웃 도어 임팩트' 타법과 유사하다. 임팩트 위치는 스윙 시에 빠르게 지나가는 순간이다. 그러나 이런 연습을 통해 임팩트 감각을 매우 쉽게 되풀이할 수 있을 것이다. 그러므로 클럽 페이스와 마찬가지로 자신의 몸에 있는 특정한 근육들 사이의 관계를 이해하는 것이 볼의 뒤쪽에 속도를 실어줄 수 있는 것이다.

옆의 그림처럼, 중간 아이언을 잡고 문지방이나 벽의 구석에 서보자. 이러한 동작들은 임팩트 순간을 느끼게 해줄 것이다. 좋은 자세를 유지해 주고 클럽은 일반적인 그립 형태로 잡아준다. 그리고 클럽 끝 부분을 이용하는 것이 힘주는 방향의 자세라는 것을 염두에 두고, 문지방의 구석에 클럽 페이스를 대고 힘차게 밀어 보자. 몇 초간 같은 자세를 유지하고 임팩트의 감각을 느껴보도록 하자.

이런 연습에는 유의해야 할 점이 많다. 말하자면, 먼저 볼을 통해 클럽 페이스를 밀 때, 왼손 뒤쪽이 평평해져야 된다. 엉덩이도 가상적 목표물에 관하여 자유스러워야 하며, 팔과 손을 통해 힘을 아래로 발휘할 때 상체도 역시 그 방향에 대해 약간 회전시킬 필요가 있다. 자신의 몸통 근육들이 클럽 페이스를 볼에 갖다대기 위해 노력할 때, 자신의 왼팔과 밀착된 가슴에 굉장한 압력을 느낄 것이다. '친다'라는 것은 자신의 다리를 확고히 하고 몸의 왼쪽 부분을 고정시키며, 오른쪽 무릎은 목표물 앞쪽으로 구부려야 한다. 그리고 볼 너머에 머리를 위치시켜야 한다. 긴장을 풀고, 10번 정도 연습을 반복해 보자.

여기에서 배워야 할 가장 중요한 내용은 이렇다. 목표물 쪽으로 향하는 체중을 임팩트 후 왼쪽으로 옮기기 위해서는 상체의 힘이 필요하다. 이러한 근육의 사용은 정확한 스윙에서 생긴다. 몸의 회전 운동이 모양새를 좌우한다. 실제로 게임에 임하게 될 때 이 느낌을 찾도록 해보자.

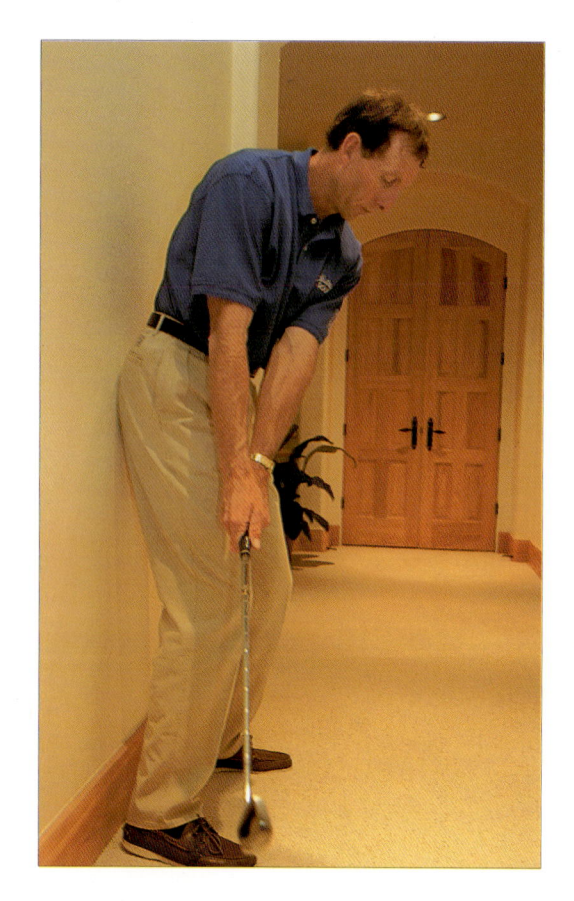

벽에 기대기 : 스윙 인과 스윙 업 연습

톱 골퍼 대부분은 스윙할 때 자신의 왼팔이 방어 자세를 취한다는 것을 잘 알고 있다. 그들은 백 스윙 시에 공으로부터 점차 멀어지는 반경을 인식하고, 정점에서 클럽 헤드가 일관된 위치에 도달할 수 있도록 궤도를 끊임없이 반복하며, 왼팔의 궤적을 계속 체크한다.

이러한 의식은 당신에게도 역시 도움이 될 것이다. 벽에 등을 붙이고 서서, 자세를 잡아보자. 당신은 백 스윙을 할 수 있는 특별한 공간을 확보해야 한다. 그리고 나서 스윙을 연습할 때 중요한 점은, 왼팔이 자신의 가슴을 지나치는 느낌을 갖는 것이고 손이 벽 쪽으로 향하는 것이다. 자신의 손이 엉덩이 높이에 다다랐을 때, 백 스윙을 끝내기 위해 그저 자신의 팔을 마저 올려놓아라.

위의 사진과 자신의 자세를 비교해 보자. 정점에서 오른쪽 팔꿈치를, 클럽을 받쳐주기 위한 완벽한 자세를 위해, 벽에 가볍게 갖다 붙여 보자. 그 클럽은 벽과 머리 사이에 위치해 있어야 한다. 누구나 다시 원위치할 때, 클럽 헤드가 벽과 부딪치는 것을 원하지는 않는 것이다. 그리고 벽을 피하기 위해 자신의 몸으로부터 손을 밀쳐내고 싶지도 않을 것이다. 당신은 단지 손과 팔을 약간 들어 올렸다가, 스윙의 정점에 클럽을 갖다 놓으면 되는 것이다.

이 연습의 관건은, 정점에서 오른팔이 벽을 스칠 수 있을 때까지, 그리고 클럽이 벽과 평행하게 될 때까지 '스윙 인과 스윙 업'의 움직임을 연습함으로써, 자신의 손과 팔을 올바른 궤적에 따라 해 주는 것이다. 이 연습은 올바른 정점에 도달하기 위한 손의 위치를 매우 잘 이해시켜줄 것이다.

거울 : 즉각적인 되풀이를 통해 얻게 되는 이익

집에 있는 큰 거울 앞에서 연습하는 것은 연습하는 것을 느끼게 해주며, 앞서 말한 타법의 종류를 연습할 수 있게 해준다. 일반적으로 올바른 자세를 체크하기 위해 연습할 때 거울을 사용할 수 있다. 자신의 각도를 이해한다는 것은, 거울을 이용하여 대충 훑어봄으로써 좋은 스윙을 할 수 있게 자신의 몸을 개발하는 것이다.

거울을 통해 목표물을 향한 스윙 궤도를 생각해 볼 때, 자신의 얼라인먼트를 체크해 볼 수 있고, 또한 그 궤도를 모니터해 봄으로써 백스윙, 손목 고정, 스윙의 정점, 스윙의 시작 등 자신의 스윙 수준을 체크할 수 있다.

나는 거울 앞에서 스윙 연습을 하라고 권장하고 싶다. 왜냐하면 그것은 몸이 임팩트 순간에 어떤 자세를 취하는가를 스스로가 볼 수 있기 때문이다. 임팩트 후 릴리스하기 위해 손과 팔에 방해가 없도록 목표물에 대해 엉덩이, 가슴, 그리고 어깨가 열려짐으로써 반대쪽으로 돌려진 자신의 왼쪽 부분을 볼 수 있다.

그리고 완전한 자세를 위한 클럽과 손의 궤도를 만들어봄으로써, 자신의 몸이 움직이는 길을 느껴보자. 마지막 자세에서 손은 자신의 머리 뒤에 편안히 놓여져야 하고, 어깨는 적당하게 평평해야 하며, 무릎은 모아져야 한다. 체중은 왼쪽 다리 쪽으로 옮기고, 오른발의 엄지발가락은 땅에 대고 있어야 한다.

손바닥을 이용한 타법 연습 : 스트레칭과 저항의 실제적 감각을 위해

아래에서 보는 바와 같이 무릎에 신축성을 가지고 왼쪽 손등에 오른쪽 손등을 놓아 보자. 이제 스트레칭과 저항에 있어서 간단한 연습이 될 수 있는, 손바닥을 이용한 타법을 준비한 것이다.

여기에서 중요한 점은, 백 스윙을 하기 위해 오른쪽 부분을 멀리 당겼을 때, 왼쪽 부분과 왼쪽 팔의 감각을 느끼는 것이다. 어깨가 멀리 돌아가고 가슴을 가로지른 왼쪽 팔을 오른손이 팽팽하게 잡아당길 때, 바로 그때의 압력을 느끼는 것이다. 이 자세를 허리 뒤로 단단하게 고정시키는 한에는, 앞서 말한 몸통의 독특한 스윙 자세를 느낄 수 있게 될 것이고, 상대적으로 자신의 백 스윙 정점에서, 자신의 왼쪽 팔이 상당히 팽팽하다는 것을 느끼게 될 것이다. 이런 자세를 몇 초간 유지해 보자. 그 순간에 반대의 힘도 느껴보도록 한다.

자, 이제 정점에서 그 힘을 되돌려 다운 스윙을 시작해 보고, 적어도 잠깐이나마 자신의 오른쪽 부분이 방향전환에 대해 저항할 때, 자신의 왼쪽 부분이 오른쪽을 끌려는 힘을 이해해야 한다. 나는 당신이 목표물 쪽으로 자신의 왼쪽 부분이 되돌려질 때, 어떤 단절감을 느껴보길 원한다 – 무릎, 엉덩이, 그리고 어깨는 목표물쪽으로 지향되어 있어야 한다. 성공적으로 이러한 이동을 끝냈다면, 팔과 손은 자연스럽게 다운 스윙 시의 정확한 팔과 손의 위치에 놓여지게 될 것이다. 다운 스윙을 계속할 때, 임팩트 순간에 자신의 팔을 곧게 폄으로써 자신의 몸은 목표물 쪽으로 돌려질 것이다 – 이제 몸의 오른쪽을 왼쪽으로 완전히 목표물 쪽으로 밀어 부칠 것이다. 이것은 시합 전이나 연습 전 몸 풀기나 스트레칭에 효과적이다.

폭넓은 손의 운용 : 스윙 시의 주요한 위치를 느껴보자

　좋은 그립은 두 개의 손이 마치 하나처럼 움직이도록 하는 것이다. 그러나 때때로 좋은 자세를 가다듬는 과정에서, 팔이 움직이는 궤도를 체크해 보기 위해, 클럽에 있는 손을 따로 분리시켜 보는 것도 좋은 감각을 익히는 데 도움이 된다.

　중간 아이언을 잡을 때, 그립에서 손을 빼보자. 자신의 오른손을 1~2인치 정도 손잡이에서 떨어지도록 밀어본다. 단 각각의 손이 정상적인 상태를 유지하면서 말이다. 이제 스윙을 시도해 보자. 즉시 양 손에 강조되어지는 어떤 느낌을 받을 것이다. 팔이 스윙에 필요한 주요 위치에 조금씩 다가갈수록 그것의 역할은 개별적으로 강조되어진다. 나는 이 타법이, 팔이 자신의 허리 위치에 도달한 그때의 손목 위치에 대한 강조와 스윙의 정점에서 팔과 클럽의 올바른 위치를 정형화시켜 주는 것에 있어서, 매우 효과적이라고 생각한다.

　거울 앞에서 이런 연습을 하는 것이 효과적이다. 손이 무릎을 지나 엉덩이 높이에 다다랐을 때, 자신의 손목 위치를 잘 살펴보자. 그리고 자신의 손과 클럽이 정점에 다다랐을 때, 올바르게 자세를 갖춘 오른쪽 팔꿈치와 제대로 놓여진 손목 그리고 목표에 대해 평행을 이루고 있는 클럽의 손잡이를 보기 원할 것이다. 다운 스윙을 시작할 때는, 왼팔과 어깨가 클럽을 볼 쪽으로 미는 듯한 느낌을 가져야 하며, 이때 동시에 오른쪽 손목의 각도를 임팩트에 용이한 각도로 유지해야만 한다.

일반적인 잘못의 간단한 교정

이제까지 자신의 자세를 개선하기를 원하는 골퍼들에게, 내가 추천하는 가장 효과적인 기술 몇 가지에 대해 다루었다. 이제는 볼에는 어떤 현상이 일어나는가와 골프에서 가장 문제가 되는 것들(슬라이스, 훅, 팻 샷, 탑트 샷, 생크)과 드라이브 샷에서의 거리 부족에 대한 교정으로 우리의 관심을 돌려보자. 위의 잘못들로 인해 모든 골퍼들이 실망하기도 하지만 한두 가지의 기술을 잘 익히면 쉽게 교정할 수 있다. 이러한 기술들은 어떤 움직임이나 연속된 동작에 대해 적당한 감각을 줄 것이고, 이러한 감각을 기억하고 내면화해야 한다. 다시 말하면, 근육의 기억에 따라 진행되어야 하는 것이다.

경사면 타법 : 훅과 슬라이스의 교정

임팩트할 때의 클럽 궤도와 올바른 스윙 감각을 만드는 이 연관된 두 개의 기술은 매우 중요하고 보편적으로 적용할 수 있기 때문에 일관된 골프를 하는 비결이 된다. 여기서 내가 설명하는 내용은 일반적인 잘못 - 슬라이스와 훅을 뿌리째 뽑아 버릴 수 있도록 도와줄 것이다.

습관적으로 슬라이스를 치는 사람은, 임팩트 순간에 굉장히 가파른 각도로 클럽이 다다르고 스윙 궤도가 밖에서 안으로 진행되기 때문이다. 나는 이것을 이전 과에서 다루었다. 또 많은 사람들이 이러한 증상(상당히 약한 타구와 목표물의 왼쪽에 조준하는 타구 패턴)에 익숙해 있다고 믿는다. 이러한 것들은 골프 클럽을 잡아본 모든 이들을 실망시켜 왔던 잘못이다.

이 문제를 교정하는 것은, 자신의 발보다 높은 곳에 볼을 위치시키고 샷을 할 수 있는 경사면을 찾는 것이다.(아래의 사진 참조) 이것은 좀더 둥근 원을 그리는 자세로 클럽을 스윙하도록 하거

나 몸을 돌리게 만들기 때문에, 스윙의 일관성을 터득할 수 있는 의도된 효과를 줄 수 있다. 그리고 볼 뒤쪽에 이르는 궤도를 보다 자연스럽게 해준다. 숙달되었다면, 가장 중요한 순간에 힘을 줄 수 있는 자신의 팔을 가지고, 클럽의 뒷부분이 임팩트 순간에 경사면을 뒤집는다고 상상해 보자. 사실 슬라이스를 고치려고 노력하는 골퍼들에게 이보다 더 좋은 연습은 없다. 당신이 해야 하는 것은 자신의 리듬에 정신을 집중하는 것과, 경사면을 자신의 안내자로 만드는 것 뿐이다.

　이러한 실행에 대한 일반적인 연구는 당신 플레이에 변화를 줄 것이고, 샷이 날아가는 데 도움을 줄 것이다. 실제 스윙하기 위해서 그라운드보다 2~3피트 높게 클럽 헤드를 놓는다고 해도 똑같은 감각을 얻게 된다. 만약 훅을 내는 경향이 있다면, 이것과는 완전히 반대되게 하는 것이다. 잘못은 보통 임팩트 순간에 클럽 페이스를 뒤집는, 손을 돌리는 동작에 의해 생긴다. 이러한 경향에 맞서기 위해서 자신의 발의 높이보다 몇 인치 아래에 볼을 위치하고, 샷을 하는 것이 필요하다. 약간 더 경사진 스윙과 임팩트 순간에 다소 완화된 안에서부터 밖으로의 궤도를 보태는 것이다. 다시 말하면 이 기술의 장점은, 클럽을 가지고 스윙할 때 정확한 궤도와 수평을 위한 정확한 감각을 제공해 줄 것이다.

　발의 지면보다 낮은 곳에 볼을 놓고 플레이를 하는 것은, 임팩트 순간에 왼쪽 넓적다리에 자신의 손이 더욱 가깝게 지나칠 수 있도록 만들고 또한 가능한 한 목표물의 왼쪽 부분을 공략할 수 있게 만든다. 훅을 교정하는 방법은 이것이다. 즉, 스핀을 걸기 위해 마치 클럽 페이스가 볼을 지나 미끄러지는 듯이 느껴야 한다. 누가 알겠는가, 작은 것을 가지고 약간의 수확이라도 얻을 수 있을지.

슬라이스, 훅 : 몇 가지 개선 방향

당신이 슬라이스를 쳤다면, 클럽에 대고 있는 손을 오른쪽으로 움직여보자 - 그립은 강하게 하되 손가락으로 클럽을 잡고, 그립의 압박은 약화시킨다. 훅이 났다면, 이것과는 반대로 해야 한다. 클럽에 대고 있는 손을 약간 왼쪽으로 옮기면서 자신의 그립을 약화시켜보자 - 마치 자신의 그립을 낮추어 보듯이. 또한 왼쪽 손바닥을 좀더 클럽에 갖다 대어 보자. 이렇게 해보면 임팩트 순간에는 잘 의식할 수 없는 자신의 손동작을 유지하는 데 도움이 된다.

▼ 실제로 고치기 어려운 슬라이스를 교정하기 위한 교본이 아래에 있다. 몸을 목표물의 오른쪽 90도에 조준해 보자. 볼은 자신의 왼발의 왼쪽에 놓고, 진짜 목표물에 대해 안쪽에서 바깥쪽으로의 스윙하도록 노력해 보자. 실제로 임팩트 순간의 오른손과 팔의 릴리즈에 초점을 둔다. 이것은 볼에 과도한 훅스핀을 실은 샷을 칠 수 있게 한다. 그리고 꽉차고 안정되지 않은 손의 릴리즈와 함께 목표의 궤도 안쪽에서부터 클럽을 스윙하는 느낌을 준다. 정상적이고 올바른 자세로 돌아가 천천히 해봄으로써 이것과 똑같은 감각을 얻을 수 있다. 옆에 사람이 있을 때는 조심해서 한다.

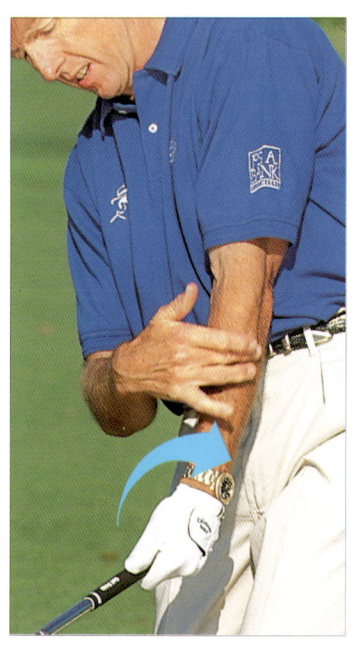

◀ 슬라이스를 쳤을 경우, 자신의 왼팔을 임팩트 구간에서 좀더 공격적으로 돌리는 것에 초점을 맞추어 보자. 그러면 시계의 위쪽이 그라운드 쪽으로 돌아가게 된다.

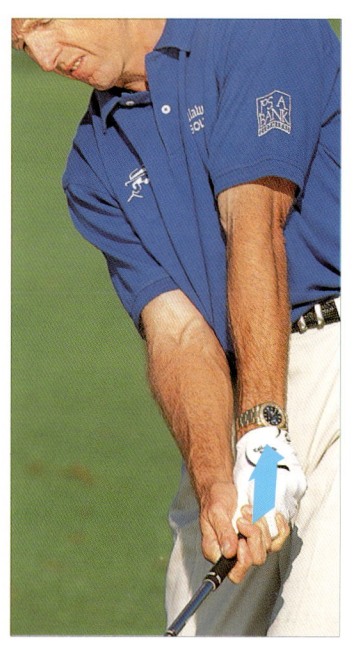

▶ 훅을 내는 경향이 있다면, 오른손 손톱이 임팩트 순간 위를 향하도록 한다. 그러면 클럽 페이스가 끝에서 감기는 경향을 줄일 수 있다.

밀어치는 경우

 일반적으로 말하자면 푸시 샷은 임팩트 순간에 볼의 앞쪽으로 움직인 결과이다 - 목표 앞으로 움직여 이끌려 나가는 것과 스윙이 제대로 되지 않는 것이다. 이런 상황에서의 빠른 교정은, 정점에서 스윙을 시작할 때 단순히 자신의 뺨을 볼 뒤에 유지시키려는 데에 초점을 두는 것과 임팩트 순간에 클럽의 뒤쪽이 발꿈치를 지나는 느낌을 갖는 것이다. 이런 느낌은 팔과 손이 정확하게 클럽을 릴리즈시키게 하고, 볼을 궤도에 제대로 보내게 하는 데 도움을 준다.

끌어당겨 치는 경우

 치켜올리는 스윙으로 목표의 왼쪽에 볼을 끌어다 놓는 것은 완전하게 볼이 맞는 경우가 없고, 클럽으로 치고 난 후의 결과로써 기대되는 것보다 더 멀리 날아가기 때문에 불안정하다. 끌어당기는 샷을 제거하는 한가지 방법은 백 스윙을 했다가 다운 스윙을 시작하려고 할 때, 자신의 상체를 목표물로부터 멀리 유지하려는 기분을 갖는 것이다. 이것을 할 수 있다면, 오른쪽 팔꿈치는 오른쪽 엉덩이 앞쪽에 놓여지게 되고 몸은 볼을 지나게 되며, 자신의 클럽을 직선 샷을 칠 수 있는 적당한 궤도 위에 위치시킬 수 있을 것이다.

드라이버 :
거리 부족, 팝 업 샷

아이언을 치려고 준비하는 것과 마찬가지 방법으로 드라이버를 치려고 한다면, 필시 매우 긴 거리를 쳐야 한다는 부담으로 굉장히 불안정한 샷을 치게 될 것이다. 잔디가 약간 파일 정도의 힘찬 아이언 샷을 하기 위해서는 클럽이 약간 아래쪽을 향하는 것이 좋다. 드라이버는 볼을 치면서 상승하는 동작을 요구한다.(그리고 잔디와의 접촉도 안 된다) 만약 드라이버의 정점에서, 즉 스윙이 끝난 후에 남아 있는 볼 자국을 보았다면 잘못한 것이다

드라이버를 완전히 치기 위해 필요한 적응은 굉장히 간단하다. 준비가 관건인 것이다. 먼저, 균형 유지를 위해서 적어도 어깨 넓이만큼 보폭을 잡아야 한다. 둘째, 당신이 서 있는 왼쪽 뒤꿈치 안쪽의 반대편 앞쪽에 공을 놓고 자신의 손을 볼의 약간 뒤쪽에 놓는다고 생각하자. 세 번째 약 60%되는 대부분의 몸무게를 자신의 오른쪽 부분에 두어야 한다. 오른쪽은 마치 거의 비탈길에서 스윙하듯, 다소 낮게 고정되어야 한다. 이런 모든 것은 스윙 시에 볼을 칠 수 있게 해주는데, 많은 회전과 힘뿐만 아니라 먼 거리를 관통할 수 있게 개선시켜 줄 것이다.

볼을 두툼하게 치는가, 얇게 치는가 : 경사면에서 스윙 각도의 개선

볼을 두툼하게 치거나 얇게 치는 경향이 있다면 - 이런 잘못은 서로 매우 관계가 깊다 - 짧은 아이언을 가지고, 적당한 경사면을 찾아 서보자. 그리고 볼에 클럽 페이스를 완전히 갖다댈 수 있게 될 때까지 경사진 곳에서, 자신이 서있는 뒤에 공을 놓고 스윙을 해보자. 이러한 경사면은 치는 순간에 체중을 자신의 왼쪽으로 잘 옮길 수 있게 하면서 볼을 칠 수 있게 도와준다 - 이제는 스윙에서 질적 측면이 부족하게 될 것이다.

이 기술을 활용하여, 자신의 오른쪽 엉덩이 뒤쪽이 아닌 앞쪽에 놓인 볼에 자신의 팔꿈치가 오는 감각을 갖도록 노력해보자. 이것은 다운 스윙을 개선시켜 줄 것이다. 그리고 가능한 오른팔을 강화해 주고 릴리스시켜줄 것이다. 또한 볼을 치는 순간에 척추의 각도를 유지하는 것이 중요하다는 것을 명심해야 한다 - 일어서거나 샷에서 빠져나오려 하지 말고 무릎을 신축성 있게 유지하도록 한다.

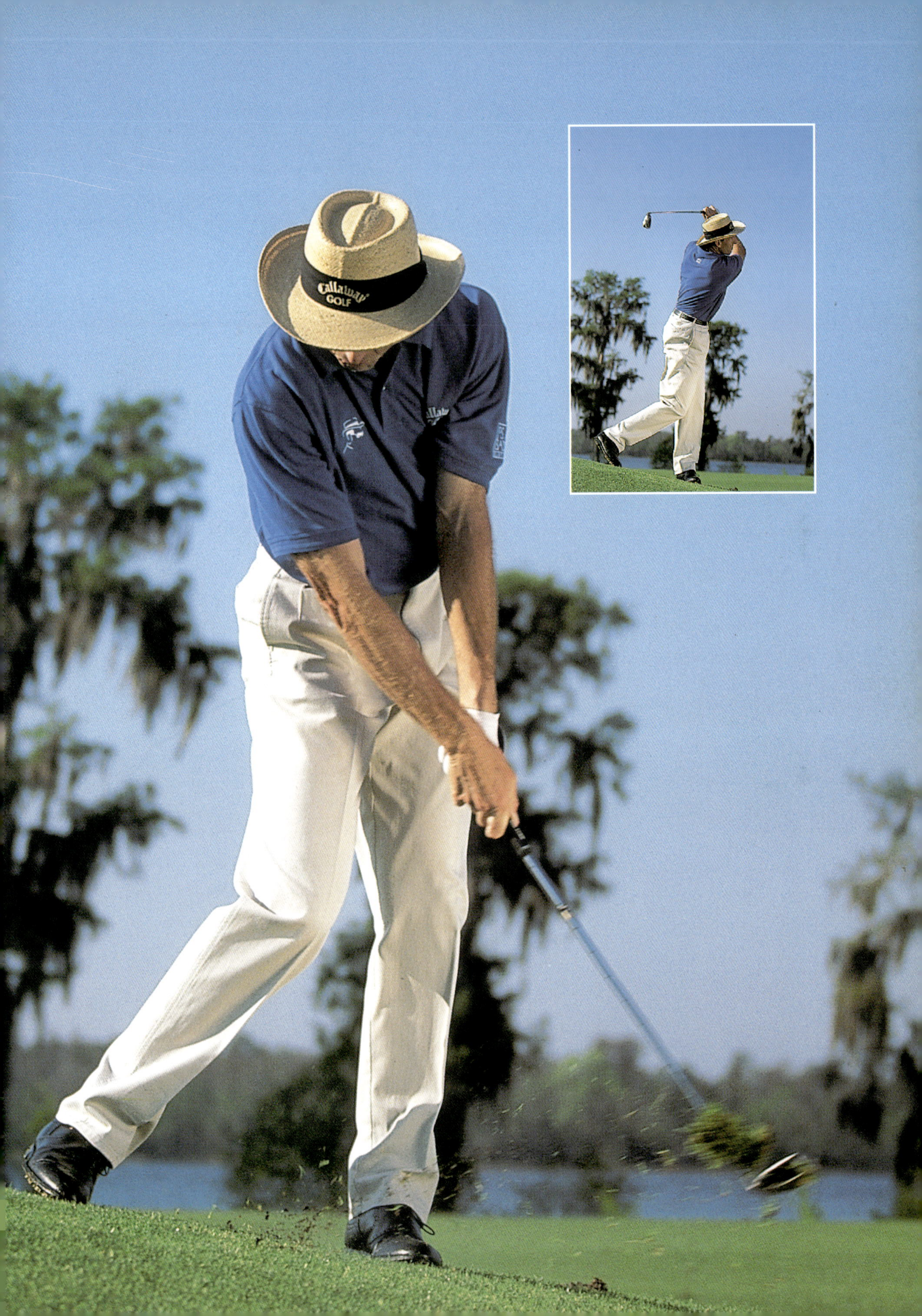
Callaway
GOLF

생크 : 스윙에서 루프를 반대로 해보자

골프에서 가장 사기를 저하시키는 것은 의심할 바 없이 생크이다. 생크는, 아이언의 샤프트 가까운 쪽에 볼이 맞음으로써, 날카로운 각도로 목표물의 오른쪽에 볼을 보내게 되는 것이다. 이것은 플레이어의 손이 치는 순간에 원래 있어야 할 자리보다 그들의 몸으로부터 더 멀리 떨어져 있기 때문에 일어난다. 그래서 바깥으로 클럽을 밀게 되는 것이다. 내 경험에 의하면, 어떤 플레이어는 이 샷을 클럽의 뒤쪽 끝부분으로부터 멀리 볼이 위치하는 것으로 잘못 해석하는데, 이런 경우는 아니다.

교정할 때 볼에 조금 더 가까이 다가가고, 클럽의 네크로부터 오른쪽에 볼을 놓는다. 그리고 백스윙을 할 때, 클럽을 안쪽으로 떨어뜨리기 위해 의식적인 노력을 기울여 보자. 그리고 클럽의 뒤쪽 끝부분에 맞추지 않고 볼을 치려고 시도할 때, 그 순간 손이 자신의 몸에 매우 가깝게 지나간다고 생각해보자. 다시 말해서, 스윙에서 루프를 반대로 해보아라. 또한 뒤꿈치에 좀더 자신의 무게를 유지하는 것에 대해서도 생각해 보아야 한다. 이 연습은 스윙의 궤도를 바로 잡아줄 수 있고, 생크가 사라졌을 때, 일반적으로 스윙하는 것에 자신감을 갖게 될 것이다.

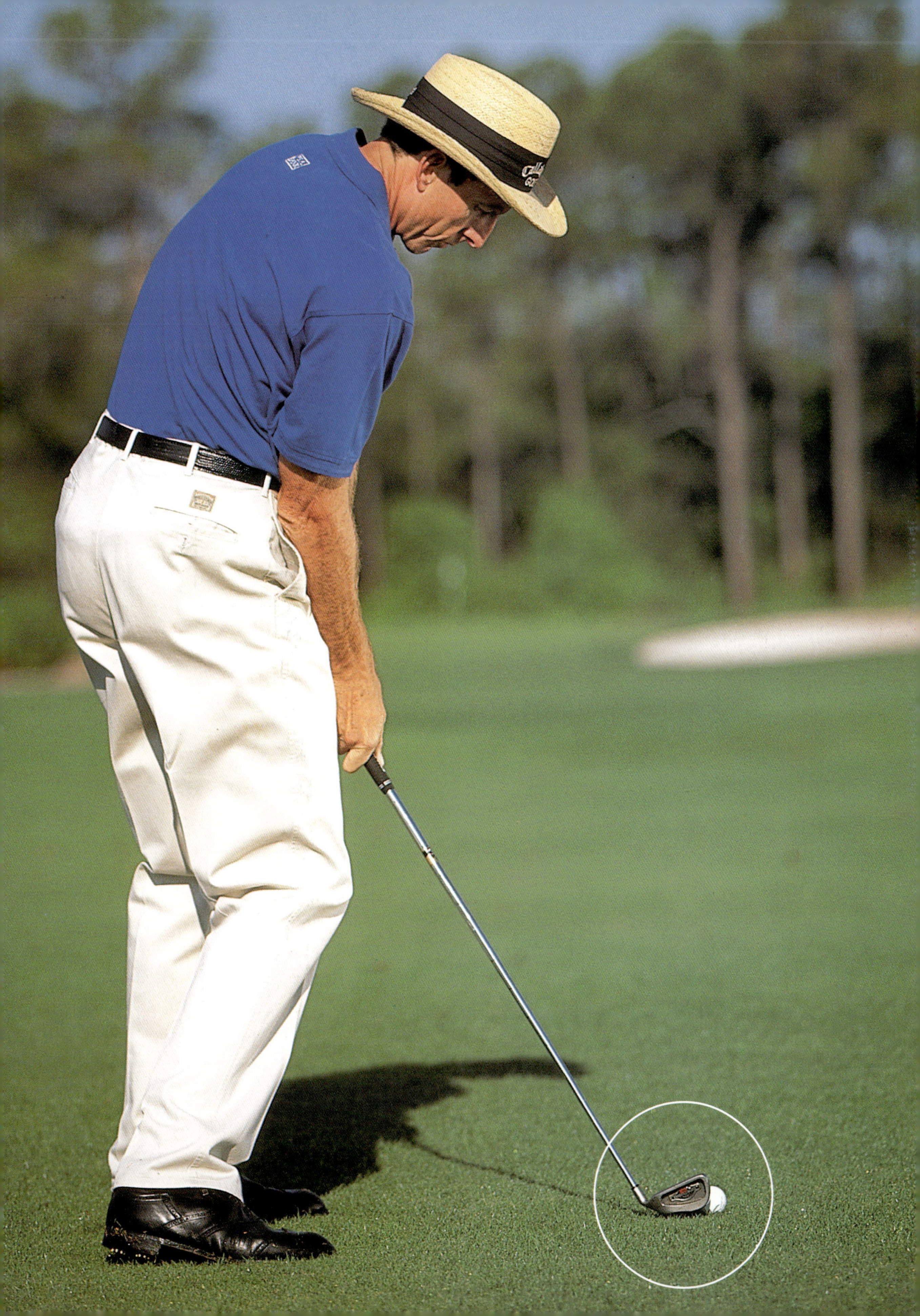

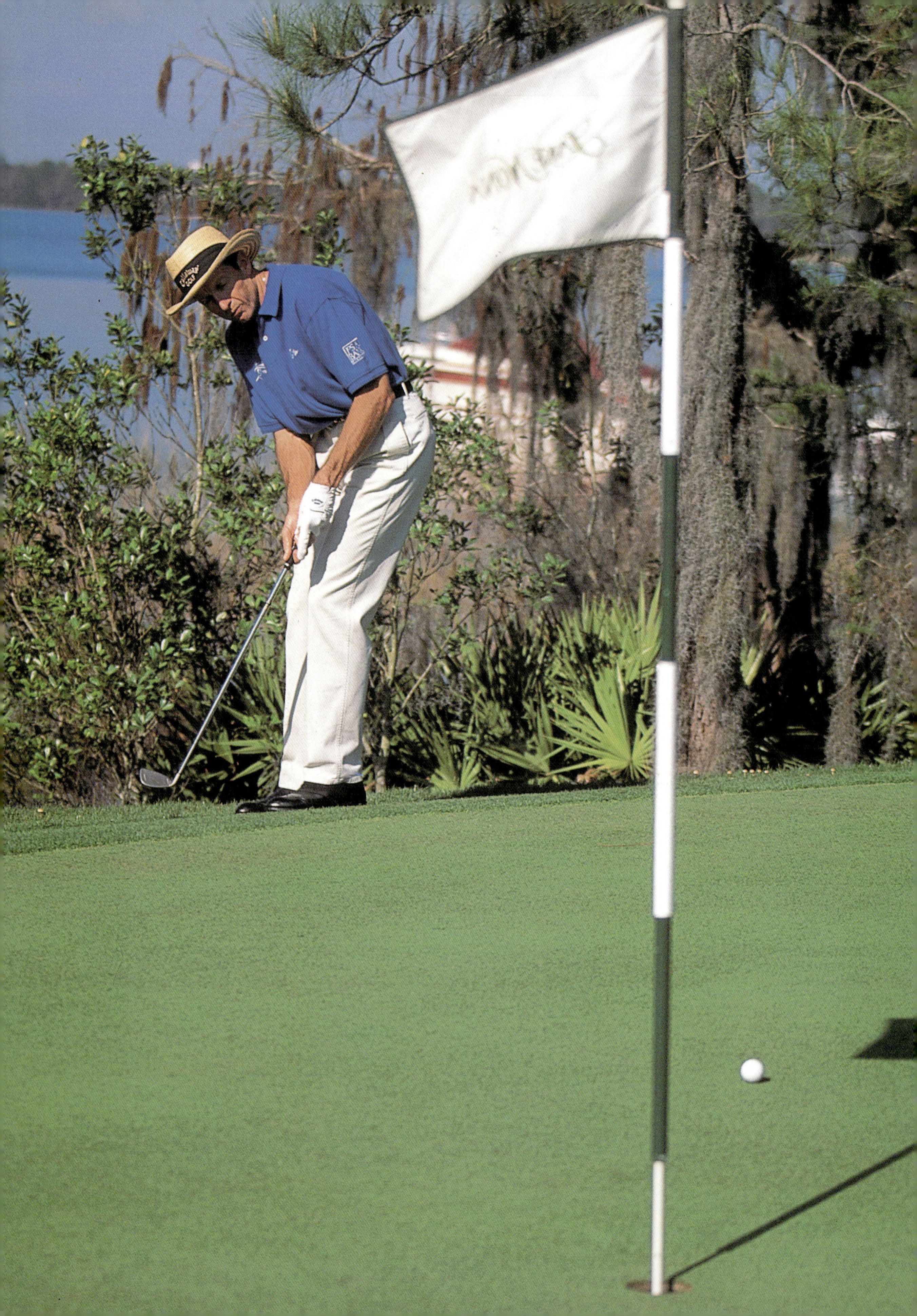

쇼트 게임 기술

유명한 투어 플레이어의 실제 시합 모습을 본 적이 있는가? 당신이 읽는 골프 잡지에 나와 있는 다양한 '탑 10' 순위는 매력적인 흥미거리를 주는 동시에 클럽 선수들에게는 광범위하게 의심받는다는 사실을 나에게 확인시켜 주기도 한다. 현대의 프로 골프 선수들은 실제로는 다른 게임들을 한다.

평균 270야드가 넘는 드라이브는 요즘에는 일반적인 것이다. 그리고 플레이어들의 페어웨이 적중률과 그린 안착률을 보면 75% 정도이다. 그들이 그린에 볼을 보내는 것을 실수했을 때, 홀이 더 멀어져버려 버디나 파 세이브를 기록하기 위해 나머지 두 개의 샷을 치려고 변함없이 앉았다 일어섰다 할 것이다. 유력한 우승후보가 되려면 약 27이나 28타에 라운드를 끝내야 한다.

그래서 그린에서 승패가 바뀌는 세계 순회 대회에서는 일반적으로 기본 타수가 높다. 쇼트 게임의 중요성을 부각시키지 않는 한, 이러한 뛰어난 샷들은 금방 잊혀질 것이다. 이것은 오직 다음의 불가피한 사실을 강조해 준다. 볼을 얼마나 잘, 그리고 얼마나 멀리 치는가는 중요한 것이 아니다. 골프란 오직 한 가지에 의한 경기이고, 그 한 가지란 것은 홀에 볼을 넣는 것이다.

위의 사항을 마음 속에 담아두어야 한다. 투어 플레이어가 라운드에서 게임을 할 때, 버디 기회를 놓치면 파 세이브를 만들기 위해 필연적으로 퍼팅에 관한 대화를 하게 된다. 실제로 플레이를 할 때, 이러한 상황에 부딪치게 된다. 다시 말하면, 쇼트 게임의 기술은 승리의 척도가 되는 것이다.

모든 플레이어들이 프로 선수들처럼 볼을 치거나 스윙할 수 있는 육체적 능력이나 타고난 능력을 가지고 있는 것은 아니다. 그러나 모든 골퍼들은 자신의 쇼트 게임의 수준을 개선시킬 수 있는 잠재력을 가지고 있다. 그래서 일반적인 그린에서 능숙한 샷을 할 수 있는 것이다. 퍼팅, 치핑, 샌드 플레이 - 이 기술들은 특별한 능력에 달린 것이 아니다. 당신에게 필요한 것은 그렉 노먼의 기술이 아니라, 좋은 결과를 얻으려고 하는 닉 팔도의 마음가짐이다. 필요한 것은 기본적인 기술을 습득하는 것이고, 좀더 낮은 점수를 얻으려고 하는 의욕이다.

즉각적인 보상 - 그것은 여기에서 말하려는 것이다. 그라운드 주위나 혹은 그 위에서 연습하는 것과, 그리고 당신의 실행 능력을 개선하기 위해 따로 마련한 시간은 좋은 결과를 가져다 줄 것이다. 그리고 80이나 90야드에서부터 좋은 플레이를 할 수 있도록 스트로크를 더욱 개선할 수 있게 되고, 결국 점수를 더욱 낮출 수 있을 것이다.

라운드 당 가장 적당한 30에서 32타를 평균 타수로 만든다면, 파 세이브를 계산해 봐야 한다. 예를 들어, 이것은 중간이나 좀더 낮은 핸디캡을 가진 플레이어의 목표이다. 목표 달성은 치핑 방법이나 퍼팅 스트로크를 개선함으로써 가능하게 할 수 있을 것이다. 그래서 그린에서 홀인원을 할 수 있는 좀더 실제적인 기회를 만들 수 있다. 이 기술은 쇼트 게임의 한 측면을 개선하는 것이 일반적으로 또 다른 측면을 도와주는 것과 관련 있다.

앞에서도 언급했지만, 반복 연습하는 것은 여러분 자신에게 매우 유익하다고 할 수 있다. 플레이어들은 민첩함, 쇼트 게임, 그리고 클럽을 가지고 다른 사람들과 시합을 한다. 그린에서 좋은 홀 퍼팅과 많은 홀인원을 하는 것이나, 세 번의 샷이 두 번의 샷이 되게 하는 것보다 상대방을 이기는(자신의 자신감을 위한) 방법은 없다.

역시 또다른 이익이 있다. 쇼트 게임에서 나오는, 전체 게임을 윤택하게 해주는 자신의 능력에 자신감을 갖는 것이다. 이러한 상황에 직면하는 것을 두려워하지 않는 자신감 있는 플레이어는 자신의 기본 타수보다 많은 홀 인원을 한다. 이것은 그가 볼에 정확한 회전을 주고, 홀에 더 다가 가려는 경향에서 기인한다. 똑같은 이유에서 어느 코스에서건 자신이 홀인원을 많이 할 수 있다고 믿는 플레이어들은 좀더 대담하게 티에서부터 그린까지 공략한다.

위에 근거한 이런 그의 상상력이 코스에 대한 압박감으로부터 자신을 자유롭게 해준다. 상상력 - 그것은 이 과의 주제이다. 쇼트 게임은 창조적인 재능을 테스트한다. 당신은 샷을 할 능력이 있는가? 그리고 여러 가지 문제들로부터 당신을 구제해 줄 새로운 기술을 찾는 경험을 기꺼이 할 수 있는가? 모든 좋은 쇼트 게임의 근간이 되는 것은 생생한 상상력이다. 샷을 하기 전에 상상해 볼 필요가 있다. 그리고 그린에서의 상황 판단과 볼의 반응을 평가할 수 있는 마음가짐을 갖는 것이다. 이런 올바른 요소들과 샷의 정확함을 갖는 것이 주로 배워야 할 사항들이다.

그리고, 세베 바에스테로스와 필 믹켈슨 같은 뛰어난 쇼트 게임 대표자들은 그들의 기술을 완성하기 위해 수천 시간의 연습을 했다. 그러므로 당신도 밖으로 나가서 실제 이득을 얻기 위해 연습할 준비를 해야만 한다. 클럽 페이스로 때린 볼이 공중으로 날아가거나 그린에서 구를 때 어떻게 반응하는지는 계속해서 기본적 스윙을 똑같이 반복하는 것과 주의 깊게 그 결과를 적어 봄으로써 알 수 있다. 이런 반복은 궁극적으로 감각과 큰 자심감을 키워준다.

상황을 읽는 것, 전개되지 않은 샷을 '그려보는 것', 그리고 자신의 클럽을 선택하는 것에 따라 좋은 쇼트 게임 전략의 기본이 이루어진다. 그리고 그린 위에서 볼의 반응, 회전력, 그리고 궤도 사이의 관계를 이해하기 위해 클럽의 길이를 경험하는 것은 중요하다. 좀더 곧은 페이스의 클럽은 볼을 낮게 그린 위에 구르게 만들 것이다.

3~4개의 치핑 클럽을 선택해서 볼을 쳐보자. 그리고 감각과 일반적 인식을 개선시키기 위해 그린 위에서 시간을 보내보자. 친구와 같이 연습하는 것도 좋은 방법 중의 하나이다. 자신의 성질과 집중력을 개선시키기 위해 경쟁이라는 요소를 도입해 보자. 각각의 목표물을 정하고 경쟁해 보자. 골프를 치는 데에 이보다 더 좋은 방법은 없다.

퍼팅 : 가장 비과학적인 샷

　심지어 가장 믿을 만한 그린 위에서의 완벽한 스트로크일지라도, 반드시 퍼팅에 성공한다는 보장은 없다. 기술적으로 완벽한 스트로크를 반복할 수 있도록 해주는 기계를 고안했던, 쇼트 게임의 대표적인 인물인 데이브 펠즈조차도 토너먼트에서 6피트 정도의 거리에서 10개 중 6개나 7개의 퍼팅만을 성공시킨다. 이는 그린 위에서는 아무리 작은 결점이라 할지라도 볼의 행방에 영향을 미친다는 것을 보여주는 것이다. 여기에는 인간이 보통 틀리기 쉬운 속성도 포함되어 있다. 매번 정확하게 스트로크를 계속 한다는 것은 불가능하다.

　여기에서 논의되는 것은, 퍼팅에서 낮은 점수를 기록해야 한다는 것이다. 좋은 퍼팅 스트로크는 좋은 라운드를 얻게 해주고, 잘 안 되는 날에도 적당한 점수를 얻게 해준다. 그리고 그린 위에서 정신적이나 육체적으로 기본 원리에 충실했을 때 비로소 승리하게 되는 것이다.

　퍼팅의 기본적 구성을 분석해 보면, 퍼팅이란 모든 궤도와 위치 선정에 관한 것이다. 좋은 스트로크의 체계에 대해 자세히 다루기 전에, 이러한 요소들이 반비례의 관계에 있다는 것을 주목해 보자. 펠즈의 경험에 따르면, 그는 퍼팅의 이상적인 위치는 그린 위의 홀에서 17인치 정도 떨어져 있는 곳이라고 말한다. 그 위치에서 볼은 홀에 대한 궤도를 유지할 수 있는 충분한 스핀으로 그린 위에 바싹 붙여 갈 수 있게 회전한다고 펠즈는 말한다. 그러나 먼 거리에서 홀인원을 하기를 바라는 사람들도 있다. 그들은 홀인원 위치와 홀의 어떤 부분이든지 볼이 가까이 갈 수 있도록 계산해야 한다.

　안정적인 퍼팅 스트로크를 유지하고 발전시키는 과정에 충실히 따르는 기본적인 룰을 시험해 보자.

퍼팅의 원리 : 그립, 자세, 정렬, 그리고 스트로크

   좋은 퍼팅을 합리적으로 친다고 생각할 때, 자신의 스트로크의 어떤 독특한 기술에 의존하기보다는 주로 클럽에 대한 감각에 의존해 보도록 하자 - 벤 크렌쇼우의 퍼팅 기술은 기술적으로 완벽하지 않지만, 그의 감각은 타의 추종을 불허한다. 그러나 짧은 퍼팅이나 한 손으로 하는 긴 퍼팅 모두 불안정하다고 생각한다면 기초적인 것부터 다시 재조명하여 자신의 퍼팅을 개선해야만 한다.

   좋은 퍼팅 스트로크는 팔의 스윙과 어깨의 고정이 필수적이다 - 실질적으로 퍼팅 풀 스윙은 손목으로 하는 것이 아니다. 나는 어깨와 팔 사이의 삼각형 모양에 초점을 맞춘다. 즉, 이것은 앞뒤로 움직이는 진자 운동의 기초가 되는 것이다. 부담에 의해 잘못된 스트로크는 손과 팔이 독립적으로 움직이게 되어 결국 불안정한 퍼팅을 초래하게 되는 것이다. 이것이 요즈음 긴 샤프트 클럽이 점점 더 인기 있는 이유이다 - 이것은 손의 어떠한 움직임도 필요 없는 순전히 진자운동으로만 스윙할 수 있도록 해주기 때문이다. 그래서 기본적으로 풀 스윙을 할 때에, 그립과 기본 자세의 수준이 좋은 결과의 밑거름이 되는 것이다.

왼쪽 손바닥에 클럽을 갖다 댄다.

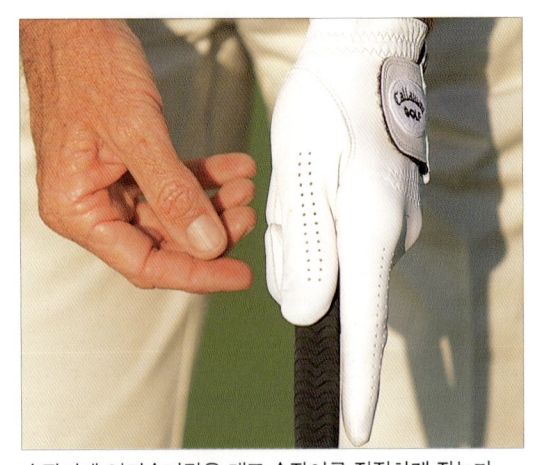

손잡이에 엄지손가락을 대고 손잡이를 적절하게 잡는다.

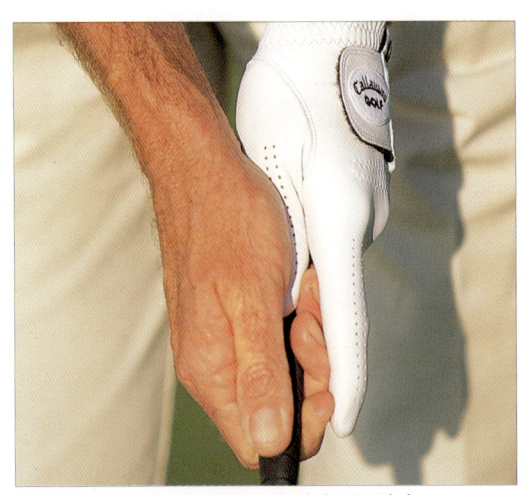

오른손은 왼손과 서로 평행을 유지하도록 쥔다.

그립 : 그립은 클럽 위에서 손이 함께 결합되어 각각의 손바닥끼리 반대가 되는 것이다. 그래서 하나의 응집력 있는 단위로서 기능한다. 가장 일반적인 형태는 오른쪽 손가락 위로 왼쪽 집게손가락이 가로질러 놓여지는, 이른바 '리버스-오버랩'으로 잘 알려져 있다. 이것은 일반적으로 큰 안정감을 주고 왼쪽 손목을 고정시키는 데 도움을 준다.

당신이 이 스타일을 선택하거나 전통적인 바돈 그립을 더 선호하거나, 아니면 손을 반대로 쥐는 형태를 실험해 볼 때도, 적은 그립 압력을 유지하고 팔과 어깨를 편하고 부드럽게 해주어야 한다. 그리고 자신의 감각을 염두에 두고 있어야 한다. 그립 위의 엄지손가락이 놓이는 위치에 특별한 주의를 기울여야 한다. 그것들은 굉장한 감각과 사용법을 숙달시켜 줄 것이다.

당신의 그립 수준은 두 개의 손이 마치 하나처럼 함께 움직이는 것에 의해 결정된다. 그리고 스트로크의 수준을 향상시켜 주는 비결은 클럽 위에 자신의 왼손 위치를 정렬시키는 것보다 좋은 것은 없다. 이런 방법으로 클럽을 쥐어 보자. 클럽 위에 놓여진 왼쪽 엄지손가락 밑으로 적절하게 손가락들을 놓아 보자.

그리고, 클럽 주위를 자신의 손가락으로 보다 가깝게 쥐어봄으로써 안정감을 느껴보자. 클럽을 쥐고 있을 때, 손가락 관절을 거의 볼 수 없을 것이다. 이런 '팜-그립'은 스트로크를 하는 내내 왼쪽 손목의 자세와 수평을 유지할 수 있게 해준다. 나는 이러한 방법을 강력히 추천하고 싶다.

기본 자세 : 한 번 둘러보면 꽤 많은 개인적인 스타일을 볼 수 있다 - 넓게 선 자세, 좁게 선 자세, 구부린 자세, 똑바로 선 자세 등. 자기만의 간소함과 기능이 없다면, 퍼팅 궤도에 대략적으로 평행을 이루게 몸을 위치시키면서, 상대적으로 크게 서보도록 하자. 풀 스윙을 하는 준비 샷의 습관을 되풀이 할 때, 퍼터 페이스를 주의 깊게 정렬시키고 시작하자. 그리고, 그곳에서부터 자세를 갖추도록 해보자. 자연적으로 클럽 페이스는 의도된 자신의 퍼팅 궤도를 따라 정직하게 조준될 것이다. 나는 자세를 가다듬는 플레이어들을 너무 많이 보는데, 그들에게 일상적인 기본 위에서 자신의 목표를 체크해 보라고 조언한다. 당신의 시선을 볼 바로 위에 똑바로 위치시켜 보자.(이 것은 콧등에서 볼을 떨어뜨림으로써 할 수 있다) 그리고 자신의 손을 어깨 아래쪽에 놓아 보자. 팔꿈치는 서로 편안하게 떨어뜨리고, 각 팔의 안쪽 부분은 가슴 위쪽 부분에 놓여지도록 해보자. 이 연결은 가치 있는 목적을 제공해 준다.

 그것은 당신에게 자신의 팔과 몸이 스트로크를 위해 함께 움직일 수 있도록 해주는 것이다. 보폭에 대해서는 어렵거나 고정된 규칙은 없다. 무릎에 약간의 신축성을 가지고, 편안한 자세로 몸을 좀더 낮게 유지하도록 해보자. 이러한 자세는 상체, 고정된 어깨, 그리고 팔을 이용한 스윙에 의해 스트로크를 조절할 수 있게 해준다.

 마지막으로, 자신이 서있는 앞쪽 가운데에 볼을 놓아보자. 그리고 볼을 쳐보자. 이렇게 하면 회전을 주어 볼을 그린 표면에 바싹 붙어 가게 한다.

쇼트 게임 기술

스트로크 : 좋은 퍼팅 스트로크는, 몸으로부터 멀리 그리고 어깨의 궤도 바깥쪽에 볼이 놓여 있을 때, 위치에 대한 균형이 갖춰져야 한다. 이런 좋은 퍼팅 스트로크에 대한 나의 개인적 감각은, 퍼팅과 스트로크가 점점 더 길어짐으로써, 퍼터 클럽이 점차적으로 궤도 안쪽으로 움직이기 전에, 짧은 퍼팅을 위한 똑바른 궤도에서 퍼터 클럽이 왔다갔다하는 것이다.(5나 6피트의 높이로) 임팩트 순간 클럽이 직각이 되고, 궤도가 한 번 더 약간 안쪽으로 틀어지기 전에 홀을 향하여 곧게 스윙되어지는 클럽을 볼 수 있다.

이것은 마치 하나의 단위처럼 작동되어지는 것처럼 보여져야만 하는 어깨, 팔, 손 그리고 클럽의 보다 더 큰 근육에 의해 다시 한번 조정될 수 있다. 많은 플레이어들이 사용하는 단순한 회상 기제는 '오른쪽 어깨는 뒤로, 왼쪽 어깨는 위로'이다. 연습할 때, 이 말을 되풀이하는 것은 효과적이다. 스트로크를 준비할 때 오른쪽 어깨를 뒤로 움직이는 것을 생각해 보자. 그리고 나서 볼을 칠 때, 왼쪽 어깨는 위로 움직인다.

이러한 진자 형태의 움직임이 자연스럽게 될 때, 이 리듬과 템포를 익히는데 주안점을 두어야 한다. 그리고 볼을 칠 때의 보폭도 익혀야 한다. 가장 중요한 것은 스트로크의 길이가 퍼트의 길이를 조정한다는 것이다. 그리고 이것에 관하여 효과적인 연습은 그저 10, 20 그리고 30피트에 티를 위치시키는 것이다. 그리고 거리에 대한 자신의 감각을 향상시키기 위해서 볼을 티를 향해 퍼팅하는 것이다.

스트로크의 길이를 퍼트의 길이에 맞도록 조정해 보자. 그리고 '하나 둘' 박자를 반복해 보자. 여기에서 그립의 적은 압력이 자신의 스트로크의 템포에 경이로움을 주는 것을 발견할 것이다 - 손가락에서 클럽을 느껴 보자. 그리고 '하나 둘' 리듬을 만들어 보자. 폴로 스로의 길이는 적어도 백 스윙의 길이와 같다는 것은 명백한 사실이다.

확실히 하기 위해, 박자 감각을 이용해 보자. 그리고 각자에게 가장 잘 맞는 템포를 찾아보자. 우리들은 모두 다르다. 어떤 사람들은 굉장히 빠른 '하나 둘' 박자를 가지고 스윙하기를 좋아한다. 나머지 사람들은 좀더 느린 '하나 둘' 박자를 사용하는 경향이 있다. 자신에게 맞는 것을 찾자. 일반적으로 퍼팅 스트로크는 자신의 개성과 풀 스윙 템포에 달려 있다.

퍼팅 기술 : 기술과 감각의 혼합

쇼트 게임 스케줄을 만들 때, 나는 퍼팅 실행의 독특한 4가지 기본형을 제시하고자 한다. (1) 4~5피트 정도의 짧은 퍼팅, (2) 6~20 피트 사이의 중간 퍼팅, (3) 감각과 보폭이 중요한 30피트 이상의 긴 래그 퍼팅, (4) 궤도와 보폭사이의 상호 관계를 발견할 수 있는 중거리 브레이킹 퍼팅. 이런 기술들에 초점을 맞추고 활용할 때, 퍼팅을 잘 함으로써 얻게 되는 이익을 간과하지 마라. 홀에 대한 부담을 떨쳐버리고 좀더 효과적으로 기술적인 문제에 초점을 맞추자.

고정되고 견고한 스트로크의 훈련 : '어깨의 고정, 팔의 스윙'

　우리가 풀 스윙할 때 볼 수 있듯이, 스트로크에서의 불일치는 몸과 팔 사이의 조화가 깨짐으로써 발생한다. 이것은 독립적인 손의 움직임, 볼에 이르는 자신만의 궤도에 대한 느낌으로 교정할 수 있다. 하지만 이것들은 결코 확실하다거나 지속적인 치료는 될 수 없다.

　일치된 진자운동의 감각을 다시 갖기 위해서, 그림에서 보는 바와 같이 팔과 어깨가 함께 움직이는 삼각형 관계에 대한 느낌을 갖도록 자신의 팔에 클럽을 끼워보자. 그저 자신의 어깨를 고정시키고, 자동적으로 스트로크를 해보자.

　내가 가르친 많은 플레이어들은 배와 가슴을 약간 돌림으로써 그들의 스트로크를 조정할 수 있다고 말한다. 이것은 단순하고 일치된 팔과 손과 클럽의 움직임을 만들어 낸다. 그리고 어깨가 너무 수직적으로 고정되지 않게 하고 다소간은 척추뼈를 둥글게 만들고, 제 위치에 위치할 수 있도록 해준다. 6~8피트 정도의 짧은 거리에서 해보자 볼 앞에 섰을 때, 자신의 어깨와 그리고 겨드랑이에 끼운 클럽 모두 홀에 대한 궤도에 평행을 이루어야 한다. 그리고 나서 자신의 어깨를 고정시키고 단조로운 '하나둘' 박자에 의해 클럽을 앞뒤로 스윙하는 것에 초점을 맞추어 보자. 머리는 고정시키고, 자신의 그립의 압력은 약화시키고, 컵에 볼이 '덜컥' 떨어지는 멋진 소리에 귀 기울여 보자.

홀 아웃 :
'하나-둘...그리고 넣기'

짧은 퍼팅은 거의 자신감에 의해 좌우된다. 퍼팅은 볼을 많이 넣어 볼수록 점점 더 쉬워진다. 기술을 실행해 보는 많은 방법들이 있지만, 가장 효과적인 것은 그저 홀 주위에서 하는 것이다. 2~3피트 정도의 거리에서 볼을 둥그렇게 놓고, 그것들을 모두 넣는 것이다.

친구들과 게임을 하면서 결점을 알게 되지만 대신 좀더 흥미롭게 할 수 있다. 이것은 클럽의 길이에 영향을 받아서 퍼팅의 실수를 하게 하든지, 당신의 스트로크를 테스트할 수 있게 한다.

요점은 리듬에 있다. 기술을 가지고 볼을 넣으려 하지 말아라. 먼저 논의했었지만, 준비 자세와 정렬을 올바르게 해야 한다. 그리고 나서 홀에 퍼팅을 할 때, '하나-둘' 박자를 되풀이 해보자. 클럽보다는 퍼팅에 좀더 초점을 맞추기 위해서 눈을 감고 퍼팅을 해보거나 홀을 보고 해보자. 시합 전에 시합이 있을 그린에서 2피트 정도의 거리인 짧은 퍼팅을 스무번 정도 해보는 것은 놀랄만한 자신감을 줄 수 있다. 반복해서 홀에 퍼팅을 쳐 넣는 감각과 느낌을 원할 것이다. 이러한 것은 의심을 감소시키고 자신감을 세워 줄 것이다.

래그 퍼팅 : 오른팔만으로 하는 스윙

오른손잡이 골퍼들은 오른손으로 거리를 느낀다는 가정하에 오른손만을 가지고 긴 퍼팅을 한다. 이것은 즉각적으로 클럽 헤드에 대한 느낌을 높여주며, 거리 조절 감각을 높여준다. 4, 5개의 공을 오른손만으로 쳐보자. 그리고 나서 자신의 원래 그립 자세로 되돌아가 일반적인 자세로 홀 주위에 볼들을 한 덩어리로 계속해서 만들어 보자. 자연스럽게 왼손잡이는 오직 왼손으로만 해보자.

나와 함께 일한 US투어 플레이어 중의 한 사람인 마이크 헐버트는 오직 그의 오른손만을 가지고 수많은 토너먼트에서 매우 성공적인 퍼팅을 해왔다.

'브레이크-포인트'에 관하여 : 경사를 고려하여 볼을 치도록 하자

브레이크 퍼팅에 직면할 때마다, 볼의 궤도와 자신의 위치사이에 따라야 할 조건이 있다. 볼을 세게 친다면 경사를 고려하지 못하게 되고, 소심하게 치면 궤도에서 볼이 벗어나게 된다. 원래 그린 위에서의 속도는 '브레이크-포인트'와 밀접한 관계가 있다. 이것은 이 책에서 다루는 것은 아니다. 당신은 많은 유형의 그린을 경험하고, 영향을 받기 쉬운 모든 종류의 조건 위에서 게임을 해봐야 한다.

그러나, 남아프리카의 바비 로크는 '모든 퍼팅이란 직선 퍼팅이다' 라는 말로써, 위의 문제를 단순화시킨다. 당신이 해야 할 일은 궤도를 연구하고, 홀에 이르는 궤도 위에 놓인 볼을 상상하고, 목표를 조정하거나 '브레이크-포인트'를 설정하는 것이다. 그리고 나면 이것은 당신의 초점이 되고, 당신은 이 지점을 조준하는 것이다.

이 원리를 더 잘 이해하기 위해서, 알맞은 브레이크 퍼팅을 찾고, 테스트 볼 몇 개를 쳐보고, 그리고 나서 브레이크-포인트의 정점에 1인치나 약간 위쪽에 티를 놓아보자.

이제 목적은 그 표식에 직각으로 서는 것과 그 표식 안쪽으로 퍼팅을 조준하는 것이다. 다시 말하면, 직선으로 퍼팅을 하는 것에 초점을 두어야만 한다. 올바르게 위치를 잡았다고 판단되면, 그린 위의 상태에 따라 홀 쪽으로 꺾어지는 궤도로 볼이 따라 가도록 퍼팅을 하면 되는 것이다. 궤도와 위치 선정 사이의 관계에 익숙해지기 위해서, 그리고 조준된 목표에 볼을 보내는 기술을 훈련하기 위해서, 이 기술을 사용하도록 하자. 왼쪽에서 오른쪽으로, 또는 오른쪽에서 왼쪽으로 브레이크 퍼팅을 해보도록 하자.

볼 뒤쪽에 쪼그리고 앉아, 그린 위의 상태를 관찰해보자. 그리고 연습 퍼팅을 두 번 정도 해보자. 자신의 '브레이크-포인트'와 볼의 궤도를 상상해 본다. 한두 번 정도 홀을 들여다보고, 다시 한 번 자신의 마음 속에 퍼팅을 그려보자. 이상적으로는, 당신은 모든 시간을 퍼팅을 준비하는, 위의 사항들을 반복하는 데 투자해야 한다.

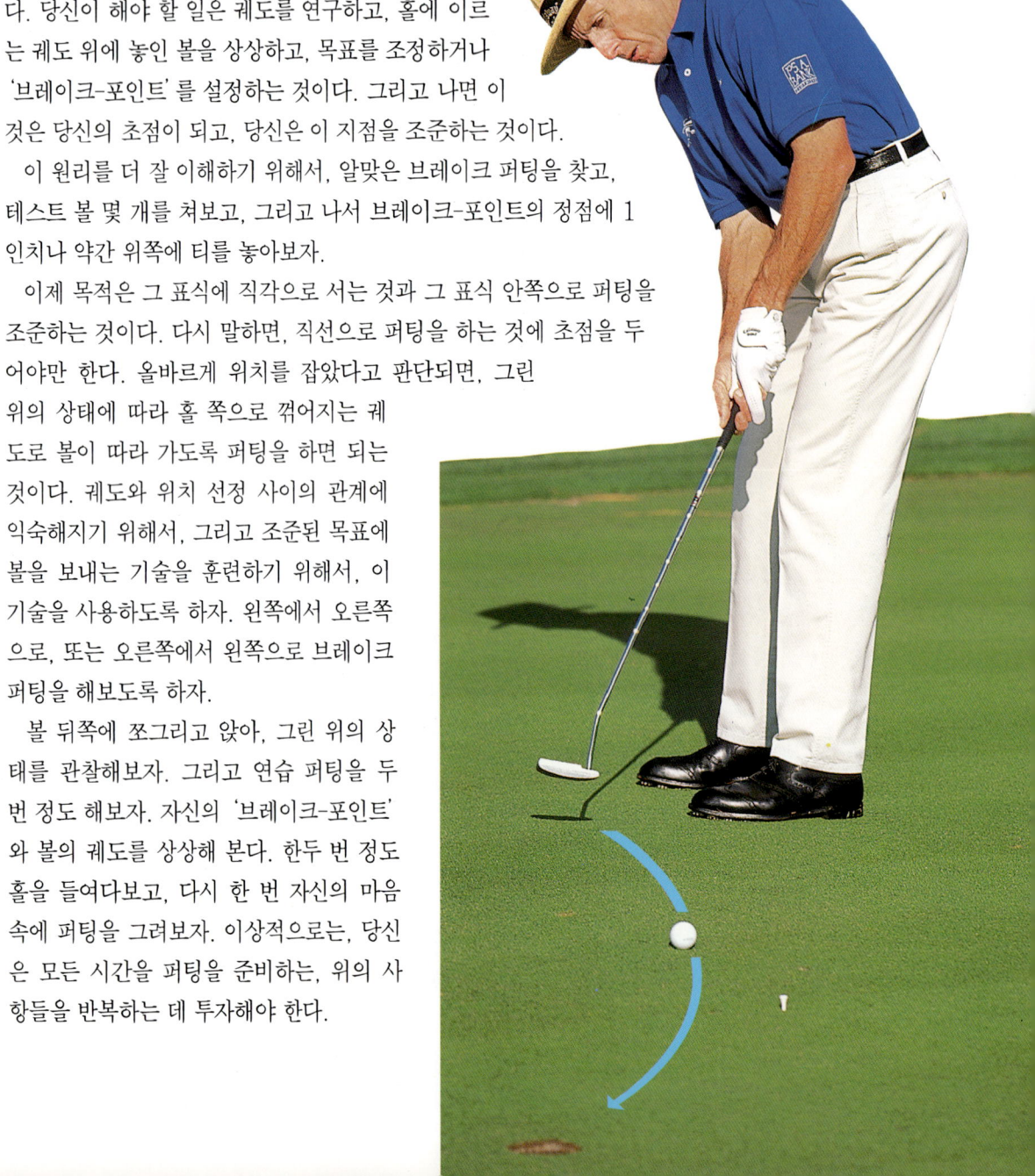

퍼팅 : 주의할 점

적당한 회전을 갖는 것

아마추어가 부딪히는 가장 힘든 문제 중의 하나가 퍼팅 라인을 가로질러 퍼터 클럽을 스윙할 때이다. 이것은 컷 스핀을 만들고 올바르게 볼에 회전을 줄 수 없게 만든다. 볼에 원을 그리거나 줄을 그어 연습하면 쉽게 자신의 스트로크의 수준을 체크할 수 있다. 볼에 홀과 일치하는 줄을 긋고, 몇 번의 퍼팅을 해보자. 만약 스트로크가 괜찮다면, 볼 위에 줄이 회전되어 나타날 것이고, 그렇지 않다면, 줄은 떨리면서 나타날 것이다 - 극히 짧은 스트로크에서는 더 세심한 주의가 필요하다.

머리와 몸을 세우지 말 것

짧은 퍼팅을 실수하는 플레이어에게 영향을 주는 것이 바로 '집스(Yips)'라는 것이다. 이러한 현상의 원인은 스트로크를 하는 동안 엿보는 행동과 움직임에 기인한다. 머리를 볼의 궤도를 따라 움직이는 것은 자신도 모르게 스트로크가 망치는 위험한 행동이다. 균형과 고정된 자세는 좋은 퍼팅의 필수적인 요소이다. 그리고 볼이 그것의 궤도로 잘 갈 때까지, 자신의 몸과 머리를 가만히 고정시키고 있는 것이 중요하다. 홀을 볼 수 있는 위치가 되는 어느 때라도, 고개를 들어보는 유혹을 이겨내야 한다. 볼이 떨어지는 소리를 들을 때까지 볼이 놓여 있는 그린의 한 점에 집중하도록 하자.

치핑 : 감각과 상상력의 테스트

나는 칩샷을 허공에 떠 있는 시간보다 땅위에서 있는 시간이 더 많은 샷 중의 하나로 정의하기를 좋아한다. 이 샷은 클럽 페이스를 높이 쳐 올리는 기본 요소를 곁들인 긴 퍼팅의 확장 형태이다. 이것은 무성한 잔디나 거친 잔디 너머로 볼을 보낼 때 사용된다. 그래서 그 보내진 볼은 자유롭게 홀로 굴러가는 것이다. 단지 상상했던 것처럼, 자신이 정해 놓은 위치에 볼을 보내고 그 위치에서 굴러가는 볼을 지켜볼 때, 마치 퍼즐을 풀 듯이 대단한 만족감을 느낄 것이다.

내가 보아왔던 중에 가장 괜찮은 칩샷을 구사하는 독일의 슈퍼스타 버나드 랭거는, 공중으로 날아가는 볼을 조절하는 것보다 땅위에서 구르는 샷을 조절하고 판단하는 것이 더 쉽다고 말한다. 이것이 내가 좋은 쇼트 게임 전략은 반드시 클럽의 여러 종류가 있어야 한다고 믿는 이유이다.(다양한 구질과 다양한 볼의 궤도를 만들어 내기 위해) 그리고 마음가짐은 그린 위에 볼을 갖다놓고, 가능한 한 빨리 홀에 도달할 수 있게 해준다고 생각하는 것이다.

어떤 규칙이라도 예외는 있는 법이다. 어떤 플레이어는 자신이 가장 선호하는 치핑 클럽만을 가지고 쇼트 게임을 치른다. 그리고 모든 주어진 좋은 기회에서 그 치핑 클럽을 자신의 가방에서 끄집어낸다. 위대한 세베 바에스테로스의 경우를 보자. 가능한 곳이면 어디서나, 그는 칩샷을 위해 9번 아이언을 사용하기 더 좋아한다. 그리고 그는 마법사처럼, 굉장한 손놀림으로 홀까지의 거리를 느끼고 다양한 많은 홀인원과 치핑을 성공했다.

모든 플레이어는 적어도 두 개의 치핑 클럽을 사용해야 한다는 게 나의 생각이다 - 9번 아이언이나 약간 짧거나 중간 정도 샷을 위한 웨지, 그리고 멀리 보낼 때 사용하는 7번이나 8번 아이언 등 다양한 상황에 맞춰 사용해야 한다. 좋은 치핑이란 볼을 치는 것을 조절하는 것과 볼이 굴러갈 곳에 볼의 속도를 판단하는 것이다.

그립 : 퍼팅 스트로크로 볼을 치핑할 때, 누구나 손목을 적게 움직이기를 원한다. 손과 손목은 좋은 치핑에 있어서 중요한 역할을 한다. 그러나 지나친 손목 동작은 불일치를 만들어 낼 뿐이다. 기본적인 칩샷을 위해 보통의 풀 스윙 그립이나 퍼팅 그립 둘 다 사용할 수 있는데, 어느 것이나 좀더 편안함을 느끼는 것이 좋다. 당신이 어느 것을 선택하든지, 좀더 세밀한 조절을 위해서는 손잡이 좀더 아래쪽으로 그립을 잡는 것이 좋다. 그립의 압력을 적게 하는 것이 스트로크를 위한 자신의 감각을 향상시켜줄 것이다.

기본 자세 : 치핑을 위한 보폭은, 사진에서 보듯이 내가 취한 자세에 약간의 정돈만 가하면 된다. 지금 나의 왼쪽에 무게 중심이 있는 것에 주목할 필요가 있다. 볼은 오른쪽 뒤꿈치 앞쪽에 놓여 있고, 내 손은 앞쪽에 놓여 있다. '볼은 뒤에, 손은 앞에, 무게도 앞에' - 간단히 말하면 이렇다. 비록 몸 동작이 일어나지만, 실제적인 무게 이동이 없는 것이다. 그래서 볼 앞쪽에 가슴을 맞대고, 매우 좁고 약간만 벌린 보폭으로 스윙 자세로 잡아 보자.

다음의 사항들은 특히 더 중요하다. 목표물 쪽으로 숙이는 것과 볼에 가슴을 맞대는 것은 손에 클럽 헤드를 쥐게 만들고, 칩샷에 약간 하강하는 요소를 만들어 준다. 그리고 볼을 정확하게 조절할 수 있게 해준다.

스트로크 : 자, 이제 정확한 준비 자세를 갖췄다. 그럼, 진자운동을 배워보자. 어깨를 고정시키고 손과 팔은 자연스럽게 움직이도록 해보자. 이런 운동의 결과로서, 방향을 바꿀 때와 클럽 헤드의 중량을 느낄 때 손목에 약간의 움직임이 있을 것이다. 이런 '래그' 효과는 스트로크의 무의식적인 요소이지만 모든 치핑 동작에는 부드러움이 일반적으로 가미되어야 한다.

우리가 찾는 것은 몸의 동작을 조절하는 것이다. 특히 수동적인 손을 조절하는 것이다. 팔과 어깨 사이의 삼각형 구도는 몸통의 회전과 연계되어 움직인다. 그리고 가장 중요한 관건은 몸을 회전하는 동안, 제자리에 자신의 손목을 위치시키는 일이다. 손목의 동작에 조절 불능은 없다. 그리고 잔디로부터 볼을 떼어내는 약간의 하강 타격에 의해 클럽이 볼을 때리는 임팩트 순간에, 왼손은 조절 가능한 상태에 놓여 있는 것이다.

잘 된 치핑 스트로크의 또 다른 징후는 백 스윙보다 조금 더 짧은 폴로 스로이다. 이것은 임팩트 순간에 힘의 가속과 조절을 반영한다. 또한 균형을 위해 땅에 평평하게 서있는 다리에 주목해 보자. 실제로는 약간의 몸 회전, 팔의 스윙, 그리고 백 스윙에서 스윙하기까지의 부드러운 이동 이외에는 어떠한 무게 이동도 없다. 이런 리듬감과 부드러움을 가지고 샷을 했을 때, 위의 밀접한 연계들은 볼의 비행과 그린 위에서 볼의 차후의 움직임을 조절할 수 있게 해 준다. 마지막 중요한 하나는 볼 뒤쪽에 시선을 집중해야 한다는 것이다.

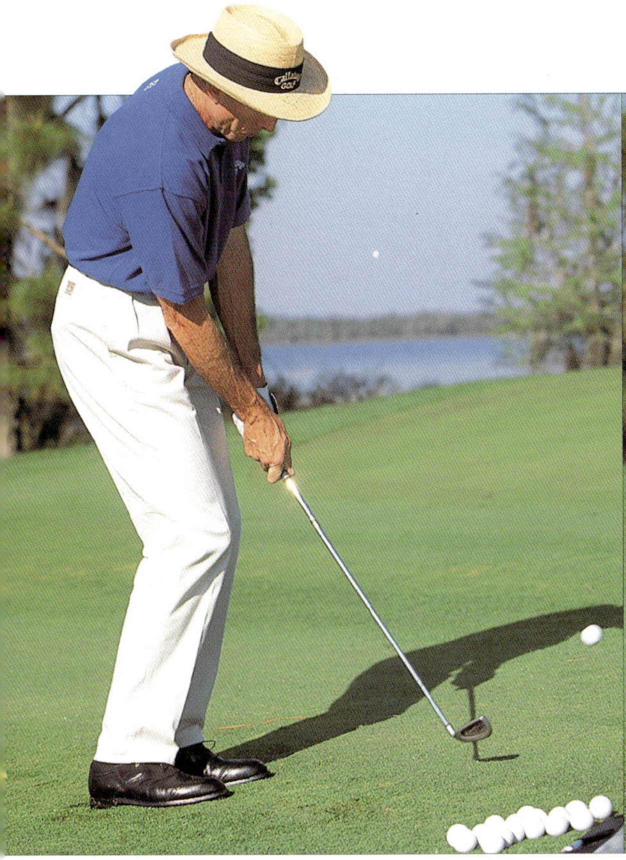

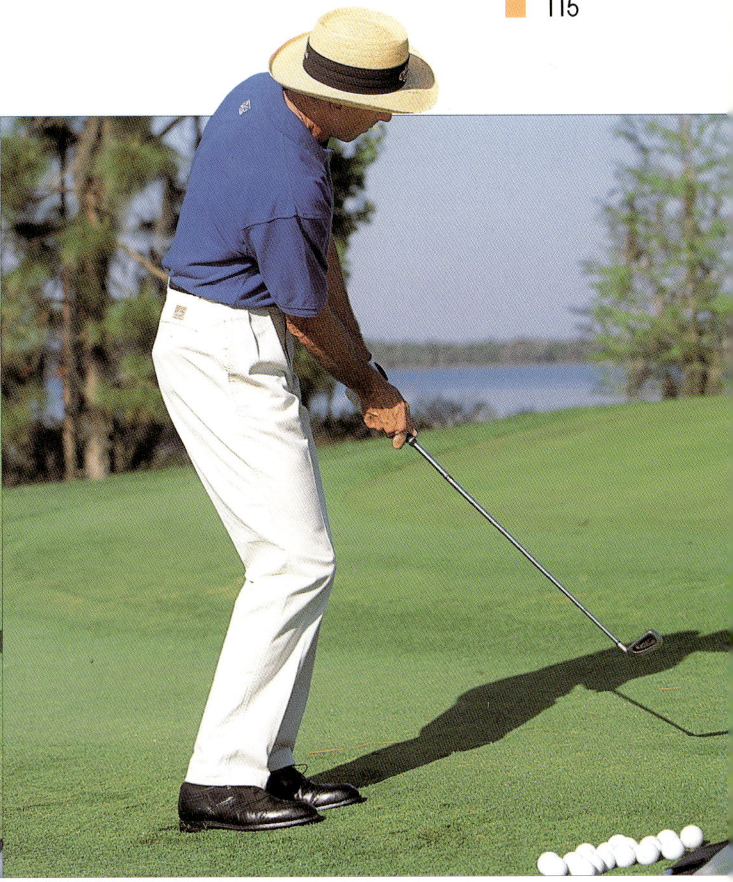

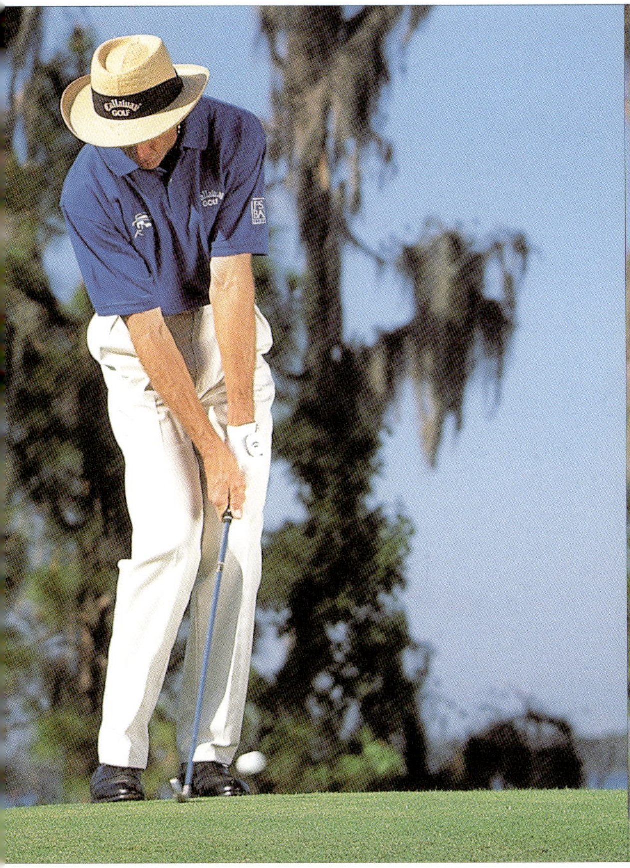

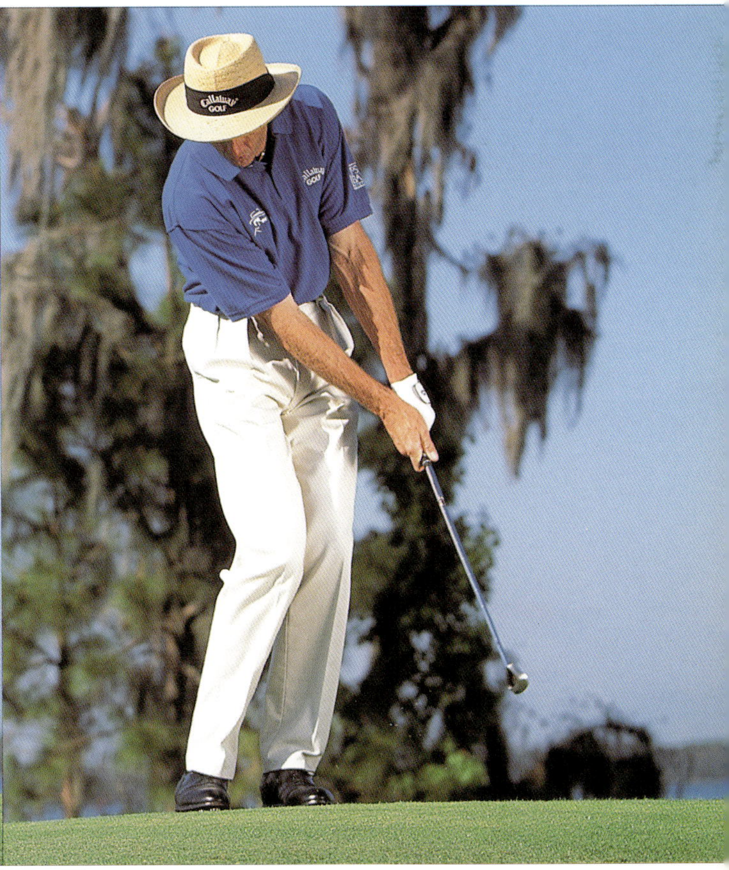

목표물 조준 연습 : 볼의 착지 거리에 대한 감각을 기르자

　자연스럽게 자신이 사용하는 클럽의 페이스가 곧으면 곧을수록 볼이 날아가는 궤도는 더 평평해지고, 볼은 좀더 굴러가는 경향이 있다. 문제는 각각의 개인 클럽을 가지고 기대할 수 있는 결과가 정확히 무엇인가? 라는 것이다.

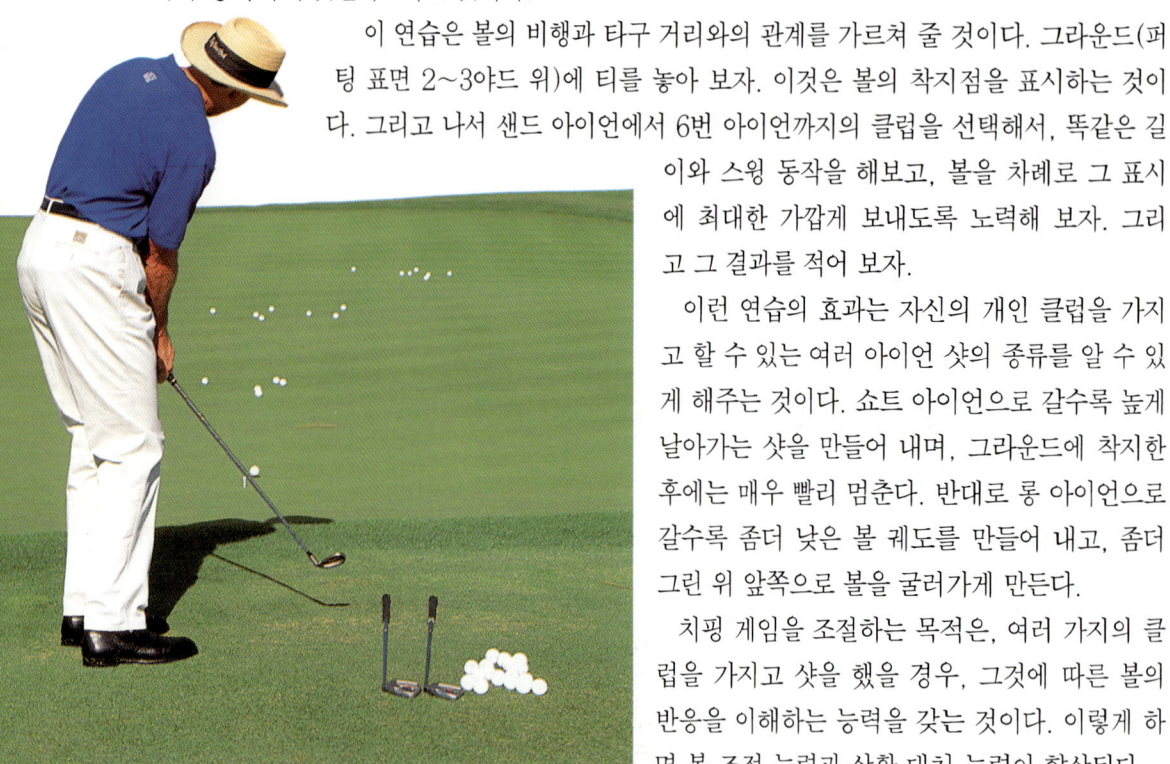

　이 연습은 볼의 비행과 타구 거리와의 관계를 가르쳐 줄 것이다. 그라운드(퍼팅 표면 2~3야드 위)에 티를 놓아 보자. 이것은 볼의 착지점을 표시하는 것이다. 그리고 나서 샌드 아이언에서 6번 아이언까지의 클럽을 선택해서, 똑같은 길이와 스윙 동작을 해보고, 볼을 차례로 그 표시에 최대한 가깝게 보내도록 노력해 보자. 그리고 그 결과를 적어 보자.

　이런 연습의 효과는 자신의 개인 클럽을 가지고 할 수 있는 여러 아이언 샷의 종류를 알 수 있게 해주는 것이다. 쇼트 아이언으로 갈수록 높게 날아가는 샷을 만들어 내며, 그라운드에 착지한 후에는 매우 빨리 멈춘다. 반대로 롱 아이언으로 갈수록 좀더 낮은 볼 궤도를 만들어 내고, 좀더 그린 위 앞쪽으로 볼을 굴러가게 만든다.

　치핑 게임을 조절하는 목적은, 여러 가지의 클럽을 가지고 샷을 했을 경우, 그것에 따른 볼의 반응을 이해하는 능력을 갖는 것이다. 이렇게 하면 볼 조절 능력과 상황 대처 능력이 향상된다.

볼의 비행과 구르기 : 클럽 선택에 관한 지식

　기본기를 익힌 후에, 한 걸음 더 나아가는 길은 클럽의 종류를 경험하고, 그 결과를 적는 것이다. 일치감을 갖도록 노력하고, 똑같은 스윙을 반복하는 것에 집중해 보도록 하자. 그리고 그 볼이 어떻게 날아가고 그린에 착지하는지를 보도록 하자. 이렇게 하는 동안 당신은 좋은 감각을 개발할 것이고, 점차적으로 클럽 선택의 체계를 가지게 될 것이다.

　기본적으로, 더 곧은 페이스를 가진 클럽(5번 아이언, 6번 아이언, 그리고 7번 아이언)일수록 상대적으로 낮은 샷을 만들어 내고, 볼을 그린에서 주목할 만하게 '구르도록' 한다. 코스에서는 항상 그라운드 사정과 그린의 속도를 고려해야 한다. 좀더 경사진 아이언(8번 아이언, 9번 아이언, 그리고 샌드 아이언)은 높이 날아가는 칩샷을 만든다. 이런 칩샷은 볼에 좀더 느린 회전을 주고, 그린에서 볼이 좀더 짧은 거리를 이동하게 만든다.

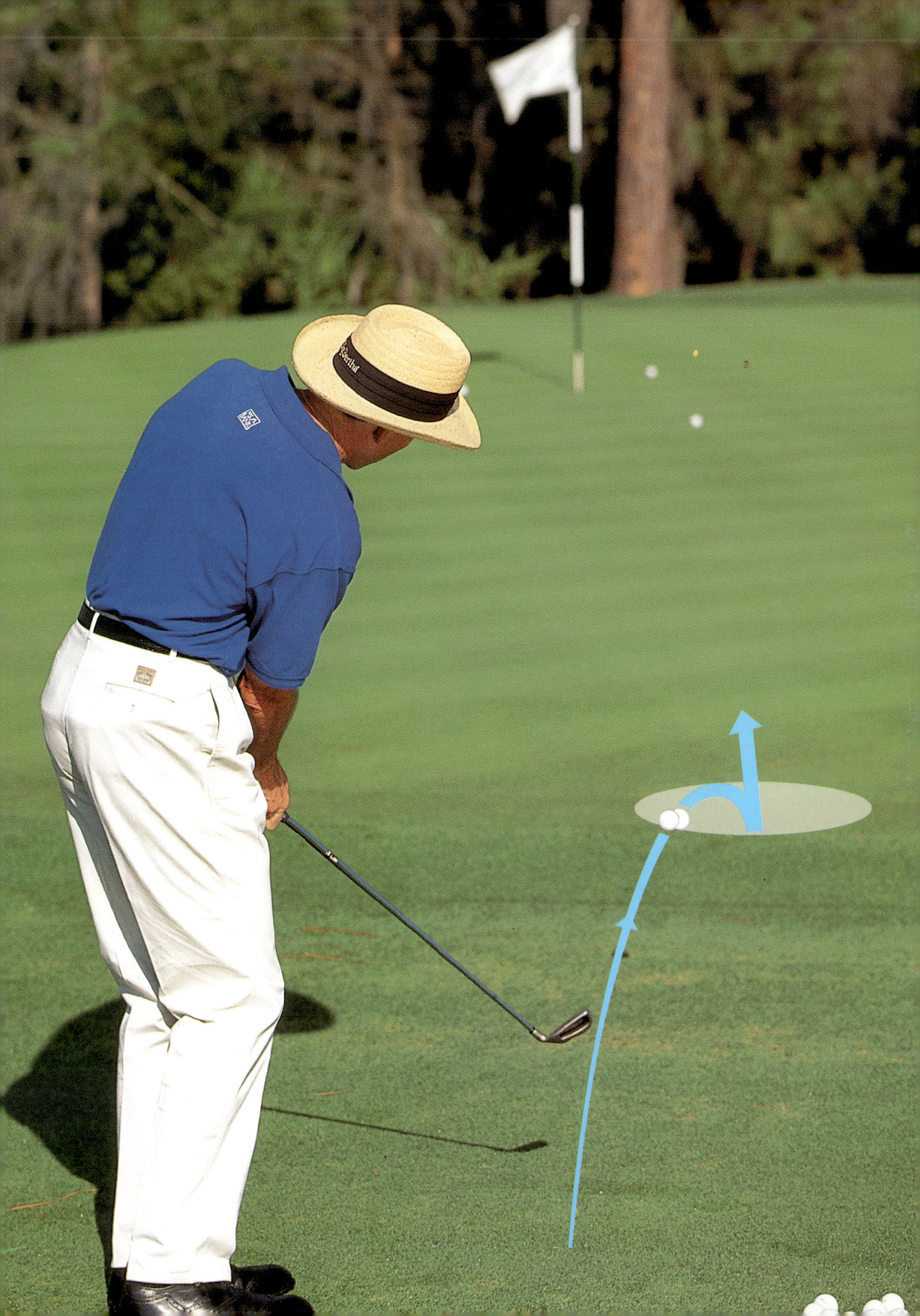

임팩트 전의 자세 : 볼은 뒤에 손과 무게는 앞에

그린 주위에서 많은 사람들이 갖고 있는 문제는 공중으로 볼을 들어올리기 위해 노력하는 것이다. 문제를 해결하기 위한 유용한 기술은 그라운드에서 오른쪽 뒤꿈치를 떼고 샷을 하는 것이다. 이것은 마치 내리막길에서 플레이를 하듯이, 임팩트 순간에 볼이 약간 앞쪽에 와있는 느낌을 준다.

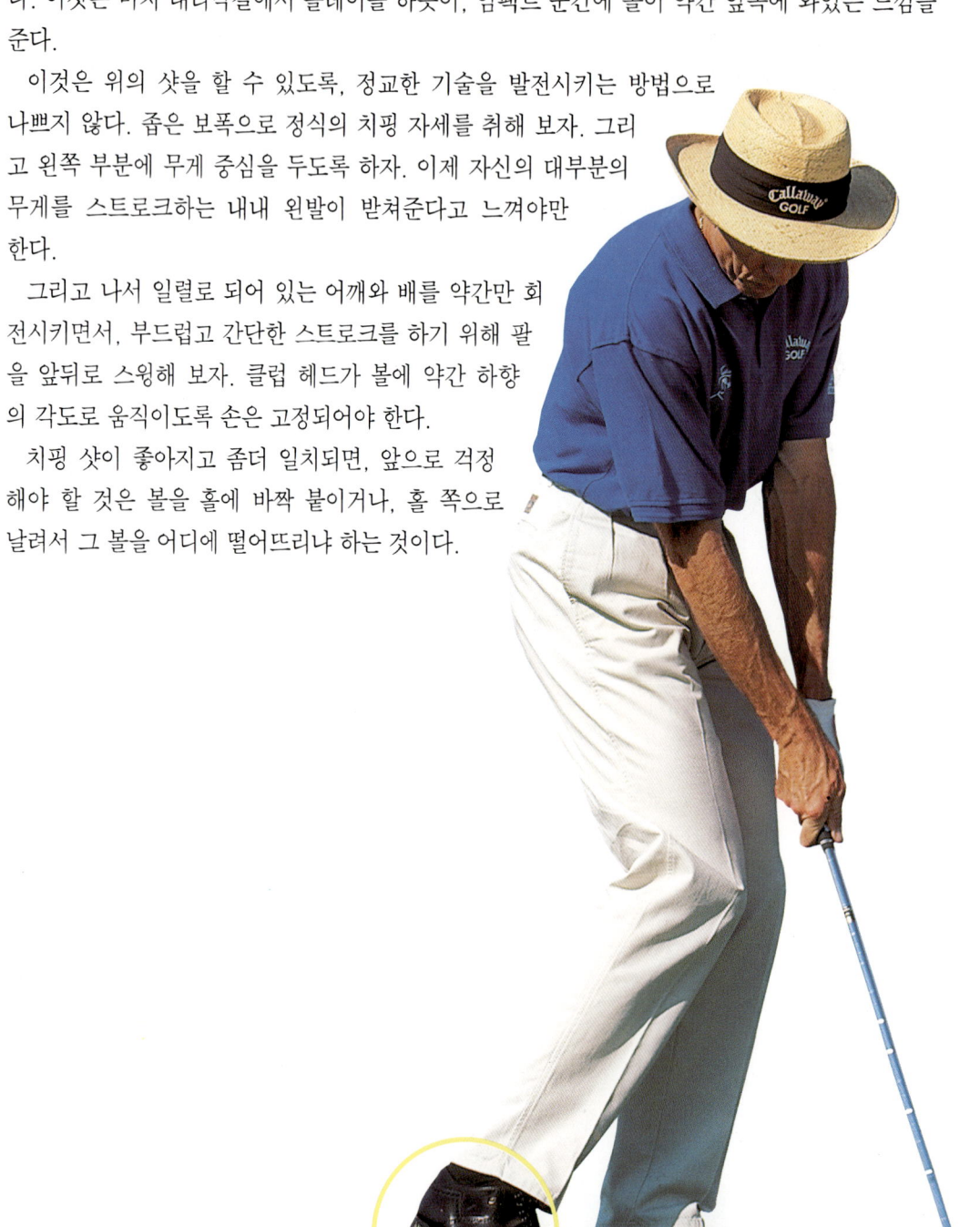

이것은 위의 샷을 할 수 있도록, 정교한 기술을 발전시키는 방법으로 나쁘지 않다. 좁은 보폭으로 정식의 치핑 자세를 취해 보자. 그리고 왼쪽 부분에 무게 중심을 두도록 하자. 이제 자신의 대부분의 무게를 스트로크하는 내내 왼발이 받쳐준다고 느껴야만 한다.

그리고 나서 일렬로 되어 있는 어깨와 배를 약간만 회전시키면서, 부드럽고 간단한 스트로크를 하기 위해 팔을 앞뒤로 스윙해 보자. 클럽 헤드가 볼에 약간 하향의 각도로 움직이도록 손은 고정되어야 한다.

치핑 샷이 좋아지고 좀더 일치되면, 앞으로 걱정해야 할 것은 볼을 홀에 바짝 붙이거나, 홀 쪽으로 날려서 그 볼을 어디에 떨어뜨리냐 하는 것이다.

치핑 : 주의할 점

손목 동작

투어 플레이어들은 짧은 칩 샷에서는 특별히 퍼팅 형태의 그립을 사용하는 경향이 있는데, 이것은 지나친 손목 움직임을 막기 위해서이다. 손 동작이 임팩트 순간에 무너지는 것은 스트로크를 불안정하게 만든다. 그래서 타구 거리와 회전의 판단을 불가능하게 만든다. 이러한 것을 이겨낼 수 있는 한 가지 방법은 보통의 퍼팅 그립을 잡거나, 또는 클럽에서 손을 시계 반대 방향으로 돌리면서 손바닥에 있는 클럽을 위로 움직임으로써, 단순히 자신의 왼쪽 그립만 약화시키는 두 가지 방법을 포함시킨다. 또 다른 생각은, 스윙한 후에 상대적으로 짧은 폴로 스로를 만드는 것에 중점을 두는 것이다. 폴로 스로는 샷을 하는 순간에 힘을 가할 수 있게 해주지만, 너무 복잡한 손 동작은 좋은 기회를 잃게 한다. 볼에 그저 손만 갖다댄다는 느낌으로 스윙한다.

볼이 너무 앞쪽에 놓여 있는 경우

볼을 올바르게 놓는 법을 배운다면, 기본적 치핑 동작은 매우 자연스럽게 될 것이다. 기본 자세 중의 어느 한 가지 요소가 정확히 일치하지 않을 때, 문제가 발생한다. 이때 볼의 위치가 종종 그 원인이 되기도 한다. 잔디 위에 놓여 있는 볼을 약간 하향 각도로 치기 위해서는 손과 무게 중심은 앞으로 하고, 볼은 자신이 서 있는 뒤쪽에 놓고, 보폭을 조금 좁게 해야 한다. 몸이 지향하는 목표의 궤도와 너무 직각을 이루게 되면, 볼은 당신이 서 있는 자세의 앞쪽에 놓여 있게 되고, 그래서 좀더 공의 위쪽을 치게 됨으로써, 일반적으로 불완전한 칩 샷을 하게 되는 것이다.

피칭 : 잘 짜여진 팔과 몸의 동작

칩 샷은 허공에서 떠있는 시간보다 그라운드 위에서 움직이는 시간이 더 많다. 그러나 피칭 샷은 그 반대이다. 30~40야드에서부터 웨지 샷에 따라 100야드나 그 이상의 경우도 있다. 볼을 피칭한다는 것은 웨지를 높이 들어올리는 자세를 이용하는 것이고, 사실상 볼의 회전이 거의 없이 볼이 상대적으로 빠르게 멈추고 박힐 수 있도록 홀 옆쪽에 샷이 날아가도록 하는 것이다.

내 개인적 생각으로는, 이런 피칭 샷이야말로 골프에서 가장 만족스러운 샷 중의 하나일 것이다. 좋은 웨지 플레이어는 다음과 같은 행동에 관한 감각을 즐길 줄 아는 사람이다. 즉 그는 클럽 페이스에서 볼이 떨어져 나가는 것을 느낄 수 있고, 친 볼이 그린의 깃대에 다가설 때 공중에서 회전하는 볼을 볼 수 있다.

좋은 웨지 플레이어는 자신이 볼을 보낼 거리를 조절할 수 있는 능력이 있는 사람이다. 그들은 자신들의 팔과 몸이 밀접하게 움직이는 안정적인 방법을 사용한다. 다시 말하자면, 스트로크하기 위해 팔과 몸이 함께 잘 연결되어서 임팩트 순간에 속도와 각도가 좀더 정확하게 전달되는 것이다.

연습할 때 몸의 조절, 손의 고정은 항상 염두에 두어야 한다. 너무 심한 손과 손목 움직임으로 공중에 볼을 쳐 올리지 말아야 한다. 몸을 회전시켜 스윙할 때, 손을 부드럽고 고정되게 유지해야 한다. 그러면 특별한 조절 방법을 가지고 볼을 피칭할 수 있는 것이다.

그립 : '작은 스윙'은 결과적으로 좋은 피칭 방법으로 정확한 스윙 그립을 채택하도록 요구한다. 나는 또 한 번 가볍고 민감한 그립 압력의 중요성에 대해 강조하는데, 이것은 실제적으로 클럽 헤드를 느끼도록 해주고 손목을 올바르게 잡아준다. 자신의 거리 조절 감각을 더욱 높이기 위해서 샤프트의 1인치 정도 아래쪽에 그립을 잡는 것을 고려해야 한다.

기본 자세 : 볼을 잘 피칭하는 플레이어가 되기 위해 중요한 점은 팔과 몸 동작이 임팩트 순간 좀 더 잘 일치될 수 있도록, 자신의 위치를 조정해서 샷을 할 준비를 하는 것이다. 그리고 하나 더, 몸이 플레이하는 궤도에 잘 놓여져야 하는 것도 필수적이다.(어깨보다는 자신의 다리, 무릎, 그리고 엉덩이가 그 궤도에 더 잘 놓여 있어야 한다) 당신의 중심은 왼발에 있어야 하고, 볼은 당신이 서 있는 매우 좁은 보폭의 중간에 있어야 한다. 샷을 할 때 무릎과 엉덩이를 편안히 둔다고 생각하도록 하자. 자신의 무릎은 유연성을 가지고 몸은 편안히 균형을 잡으면서 볼 앞쪽에 자신의 손을 위치시키기 위해 팔을 자연스럽게 늘어뜨려 보자. 이제 당신은 자신이 의도한 스윙을 할 준비가 된 것이다.

연습할 때, 자신이 만들고 싶은 샷의 궤도와 길이에 따라서 볼의 위치, 보폭, 그리고 자신의 스탠스를 여는 정도를 정해서 연습해야 한다.

실전연습 : 스윙 자세에 들어갈 때, 먼저 자신의 가슴이 목표물로부터 멀어지도록 회전시키고, 그 다음에 목표물 앞쪽으로 가슴을 회전시키는 것을 생각하자. 그리고 팔과 손을 가지고 이런 운동을 할 수 있도록 스윙해 보자. 천천히 회전하고 부드럽게 스윙한다. 당신이 하는 것은 '작은 스윙'이다. 좋은 모양새로 클럽을 위치시키고 동작에 필수적인 영향력을 줄 수 있는 손목을 정돈했을 때, 팔과 몸은 함께 움직여야 한다.

그래야만 샷하는 순간에 힘을 줄 수가 있고, 적어도 자신의 백 스윙 길이 만큼 스윙을 할 수가 있다. 샷을 할 때, 중요한 점은 사실 견고한 스트로크를 느끼는 것이다. 이 샷은 중심 이동이 거의 없다. 당신은 단지 '뒤쪽으로 회전하고 다시 반대로 회전하는 동작'을 만들려고 노력하면 되는 것이다. 똑바른 스윙은, 클럽이 상대적으로 곧게 뻗은 클럽의 궤도에서 위 아래로 움직이는 것이다.

볼을 통해 클럽 헤드에 속도를 붙이는 것은 중요하다. 임팩트 순간에 힘을 감소시키거나, 짧은

스윙을 할 때 가속이 변하면 안 된다. 샷을 하는 동안 특히 더 짧은 피칭에서 오른쪽 손목 뒤쪽에 약간 굴곡 있는 각도를 유지하도록 노력해 보자 - 이것은 임팩트 순간의 결점을 없애준다. 자신의 템포를 유지하고 볼의 가속화를 조절할 수 있는 좋은 방법은 자신의 백 스윙 길이와 폴로 스로 길이를 맞추는 것이다. 아날로그 시계를 이용할 때, 10시 방향에서 2시 방향으로 스윙을 하거나, 좀더 풀 샷을 치기 위해서는 11시 방향에서 1시 방향으로 샷을 하는 것이다.

이것과 관련해서 볼을 보내는 거리를 조절해주는 자신의 몸 동작의 속도를 다양하게 할 수 있다. 나는 이것을 '속도계 공식' 이라고 부른다. 임팩트 순간에 자신의 몸을 회전시키는 속도를 증가시키거나 감소시키는 것은 거리를 조절하는 원리이다. 연습할 때, 50mph의 속력으로 50야드의 피칭을 하는 것을 상상해 보자. 60야드의 경우는 60mph의 속력으로 스윙해 보자. 몸 동작의 속도를 다양하게 하는 것이 자동적으로 자신의 스윙 길이를 조절할 수 있다는 것을 발견할 수 있을 것이다. 이런 연습에 의해 점차 본능적으로 거리를 판단할 수 있게 될 것이다.

거리 조절 : 웨지 플레이의 측정

이 기본 기술을 완전히 습득했을 때, 자신의 스윙 길이에 의해 볼의 비행을 조절할 수 있을 때까지 연습하는 것과 각각의 특별한 피칭 클럽으로 자신의 '최상의' 거리를 만드는 것이 문제로 남는다.

오늘날 대부분 프로 선수들은 쓰리 웨지 시스템을 사용한다 - 즉, PW(49° 각도), 샌드 웨지(56° 각도), 그리고 로브 웨지(60° 각도). 현대적 웨지는 상대적으로 다양한 높이와 거리를 만드는 풀 스윙을 반복할 수 있게 해준다.

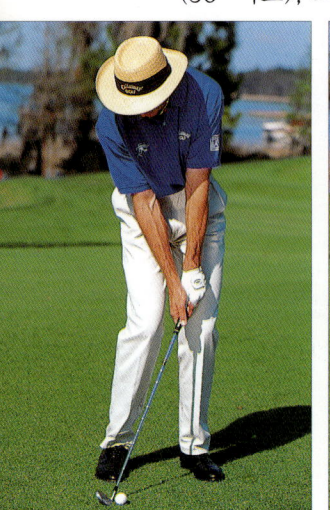

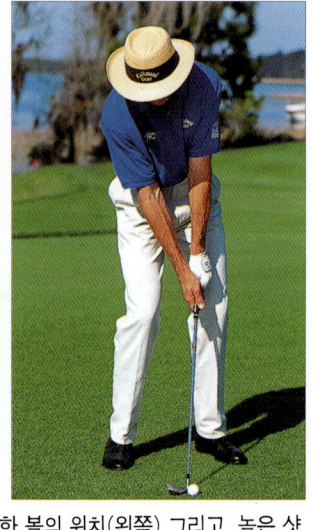

자신의 퍼팅 클럽으로 많은 시간을 개발에 투자해야 한다. 그러면 코스에서 정확한 거리 계산과 괜찮은 스코어를 만들 수 있을 것이다.

이런 정보를 얻을 수 있는 가장 효과적인 방법은 자신의 몇 개의 특별한 웨지를 가지고 많은 풀 스윙을 해 보는 것과 각각의 독특한 경우에서 평균 타구 거리를 구분해 보는 것이다.

이것은 각각의 클럽을 얼마나 멀리 칠 수 있는가를 시험해 보는 것이 아니다. 그래서 당신은 광범위하게 볼을 스윙하면 안 된다. 여기에서의 문제는 정확함이고, 몸의 회전에 의한 스윙 속도를 조절하는 데에 초점을 맞추는 것이다. 그리고 같은 곳으로 볼을 보내려고 노력하는 것이다. 풀 스윙으로 자신의 범위를 알았을 때, 어중간한 샷을 해보자. 이 서투른 타구거리는 당신이 스윙하고, 감각과 느낌으로 거리를 측정하도록 만든다. 많은 목표물들을 정하고 무작위로 그 목표들 사이로 볼을 쳐보자. 당신이 필요한 40, 50, 그리고 60야드의 샷을 하는 스윙의 종류를 자신에게서 찾아보자. 이런 '부분적' 샷의 궤도를 쉽게 다양화 할 수 있는 방법을 찾기 위해, 클럽을 바꿔보자.

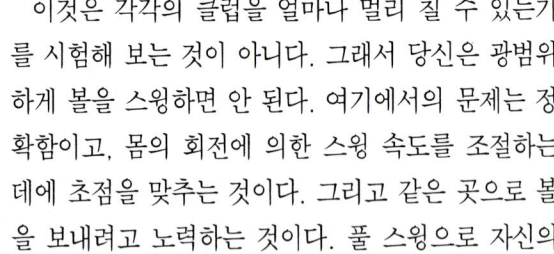

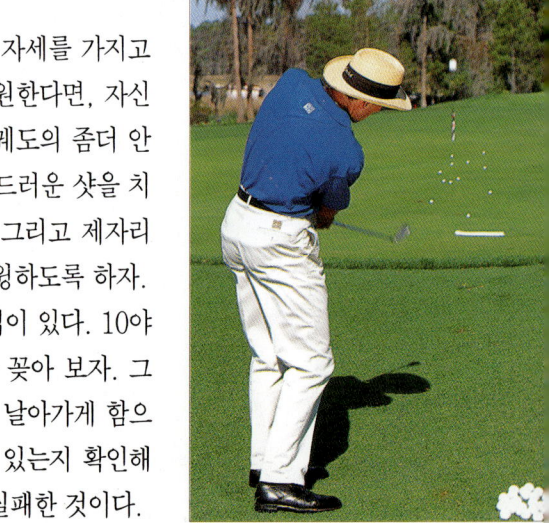

도전과 실패는 사실 효과가 있는 교육이다. 자신의 준비 자세를 가지고 플레이하는 것을 두려워 말자. 낮게 쇄도하는 샷을 치기 원한다면, 자신이 서 있는 지점에서 뒤쪽에 볼을 놓아보자. 그리고 뒤쪽 궤도의 좀더 안쪽으로 스윙하도록 의식적인 노력을 기울여 보자. 높고 부드러운 샷을 치기 원한다면, 서 있는 지점에서 앞쪽으로 볼을 옮겨놓자. 그리고 제자리에 클럽 페이스를 정렬하고, 볼을 밖에서부터 안쪽으로 스윙하도록 하자.

느낌과 거리 조절 능력을 시험해 볼 수 있는 또 다른 타법이 있다. 10야드쯤에 표시를 해보자. 그리고 50야드쯤에 땅에다 우산을 꽂아 보자. 그리고 나서 연속되는 샷이 처음의 샷보다 더욱 멀리 앞으로 날아가게 함으로써, 얼마나 많은 볼을 두 개의 표식 사이에 집어넣을 수 있는지 확인해 본다. 샷이 바로 먼저 번의 샷보다 짧게 떨어지면, 게임은 실패한 것이다.

▲ 낮은 샷을 위한 볼의 위치(왼쪽) 그리고, 높은 샷을 위한 위치 역시 볼을 쳐 올려서 샷을 한다.

피칭 : 주의할 점

몸이 너무 수직인 경우

자세를 잡고 나서, 몸이 너무 직각이 될 경우 좋은 피칭 기술을 구사하기 위해서는 홀에 대한 궤도를 따라 자유롭게 클럽 헤드를 위해 자신의 몸을 앞뒤로 회전시키는 것이다. 반대로 자신의 몸을 그 궤도(치핑할 때처럼)에 너무 수직적으로 위치시키는 것은 부자유스럽게 되는 것이다. '자신의 방식'을 갖고, 볼을 앞쪽으로 보내기 위해 자신의 손과 팔을 이용해야만 한다.

스윙의 수준은 준비 자세의 수준에 의해 결정된다는 것과 이러한 준비 자세를 반복하기 위해서는 적어도 몸이 목표물에 20~30도 정도는 왼쪽으로 돌려져 있어야 하는 게 필수적이라는 것을 명심하자. 자신의 임팩트 위치를 일정하게 만드는 것이 좋은 준비 자세의 요점이다.

백 스윙이 너무 긴 경우

샷 길이를 조정하기 위해 자신의 스윙 길이를 측정하는 것은 쇼트 게임 교육에 있어서 기초가 되는 요소이다. 당신이 반드시 피해야 할 사항은 백 스윙을 너무 길게 하지 말라는 것이다. 그리고 나서 임팩트 순간 막판에 클럽 헤드를 감속시키는 것은 친 볼의 거리를 조절할 수 있게 해준다.

이런 것들은 쉽게 고쳐지지 않는다. 대신에 몸의 회전 동작과 자신의 스윙 속도에 의해 볼을 날려보내는 거리를 조절하는 것에 초점을 맞추어 보자.

샌드 플레이 : 문제점을 해결할 수 있는 간단한 예

어프로치 샷을 재는 과정에서 프로는 걱정과 공포를 가지고 모래를 보지 않는다. 사실상 대부분의 경우 볼을 제대로 보내지 못해서, 풀이 무성한 잔디에 볼이 있는 경우보다는 그린 가까이 있는 벙커에 볼이 놓여 있는 경우가 훨씬 많다. 왜 프로들은 이런 자신감을 갖는 것일까? 그 명백한 대답은 벙커 플레이 연습에 많은 시간을 투자했기 때문이다. 그리고 모래 위에서 집에 있는 것처럼 편안함을 느낀다. 그러나, 이것보다 더욱 중요한 것은, 프로들은 샌드 아이언의 사용 방법을 잘 알고 있고, 그 아이언이 왜 이런 식으로 만들어졌는가도 잘 알고 있다는 것이다.

샌드 아이언의 중요성을 설명해 보자. 이러한 설명이 자신감을 증진시키는 데에 도움을 줄 것이다. 오른쪽 사진에 나타나 있는 것처럼, 정방형으로 밑이 무거운 테두리로 된 클럽이 리딩에지(leadingedge)보다 더 낮게 위치되어 있다. 이런 모양새는 클럽이 '퉁겨 올리는' 효과를 갖도록 한다. 그리고 리딩에지와 관계되어 있는 뒤쪽 판이 더 낮게 되어 있을수록, '퉁겨 올리는' 수단은 더욱 용이하게 되는 것이다.

이제, 전형적인 그린 옆의 모래에서 샷을 할 때, 위로 향해 있는 클럽 페이스에 무슨 일이 일어나는지 보기로 하자. 클럽을 밑에 놓고, 그립을 쥐는 방법에 의존해서, 얼마나 퉁겨 올려야 하는가를 조정하고 조절할 수 있다. 볼이 놓여 있는 상태에 따라, 모래의 성질과 샷을 고려하여 쳐야만 한다.

골프의 이런 벙커 샷에서 중요한 점은, 볼을 치는 것이 아니라 볼의 뒤쪽과 밑의 모래를 치는 것이 더 중요한 것이다. 기술적인 벙커 플레이어는 볼 밑에 있는 모래를 클럽 헤드로 퍼올림으로써, 이 '끌어 올리기'의 기본 요소를 이용한다. 이 기본 요소는 밖에 나가 연습할 때, 주어진 상황에서 필요한 끌어올리기의 정도를 측정하는 일이고, 모래를 쳐서 공중에 볼을 띄우는 것이다.

그립 : 보통의 그린 옆 모래에서 샷을 준비할 때, 가장 먼저 해야 할 것은 그립을 잡기 전에 클럽 페이스를 정돈하는 것이다. 그렇게 하면 보통의 그립을 취할 때 생기는 실수를 알게 된다. 그리고 나서 클럽 페이스의 모양새를 위해 오른쪽으로 손을 돌리는데, 이것은 필연적으로 임팩트 순간에 공에 가깝고 모래를 파기 쉽도록 만든다. 그립을 쥐기 전에 클럽 페이스의 위치를 정돈하는 것은 좋은 벙커플레이를 위한 기본이다 - 단순히 클럽 페이스를 오른쪽으로 약간 돌리면 된다.

기본 자세: 보통의 벙커 샷 기술의 기본은 똑바른 데 있다. 넓게 전개된 클럽 페이스를 상쇄하기 위해서, 자신의 몸을 목표 궤도에 향하게 서야 한다 - 볼을 날릴 수 있는 거리에 의존한 30°~ 45° 사이에서 향하는 곳. 샷을 짧게 하면 할수록 보폭은 더 넓어져야 한다. 볼 앞에 보폭을 맞추고, 안정적인 위치 선정을 위해 모래에 자신의 신발을 비비고, 무릎에 유연성을 가지고, 자신의 무게를 고르게 느껴보도록 하자.

스윙 : 오픈 스탠스를 취할 때, 몸은 스윙의 궤도에 따라 결정된다. 몸의 회전 궤도 밖으로 클럽을 가파르게 들어올리느라 왼쪽으로만 조준하는 실수를 하지 말아야 한다. 그렇게 하면 몸의 회전과 팔의 스윙 사이의 모든 중요한 연결을 잃게 되고, 너무 가파른 각도로 볼을 치게 된다.

그러므로, 클럽 페이스의 조준점을 볼의 2~3인치 뒤에 놓아보자. 몸의 회전 궤도에 맞게 클럽을 스윙하고, 자신의 손목에 맞는 리듬을 만들어 이런 조준점이 자연스럽게 정해지도록 해보자. 목표물에 대해 자연스럽게 클럽을 스윙하고, 그린 위로 볼과 모래를 함께 뿌리도록 하자.

리듬이 중요한 요소이다. 그리고 효과적인 비결은 위로 전개된 클럽을 가지고 볼 아래를 걷어올리는 것과, 볼을 목표물 앞으로 보낼 때에 자신의 발을 모래 위에 평평하게 유지해야 하는 것이다. 즉 완전한 샷을 하도록 노력하고 모래가 클럽 헤드의 힘과 속도를 흡수할 것이라는 사실을 믿도록 하자. 이 경우에 거리는 백 스윙의 길이에 의해서가 아니라 샷의 가속도에 의해 조절된다. 자신의 폴로 스로의 길이를 가지고, 자신이 볼을 날릴 수 있는 거리를 조절해 보자. 그러나 임팩트 순간, 항상 클럽 헤드가 모래 밑에 있을 때 힘을 가속해야 한다는 것을 명심해야 한다.

기본적인 벙커 기술을 위해 아래 다섯 가지를 기억하자.

1. 클럽 페이스를 열고 나서 그립을 쥔다.
2. 30° 정도나 목표의 왼쪽에 조준하고, 균형을 위해 자신의 발을 모래에 파묻는다.
3. 볼의 2~3인치 뒤쪽 위치에 초점을 맞춘다.
4. 자신의 몸의 회전 궤도를 따라 클럽을 뒤로 스윙하고, 임팩트 순간에 볼 밑에 클럽 헤드가 내려와 있어야 하며, 항상 이때 힘을 준다.
5. 폴로 스로의 길이에 따라 샷의 거리를 조절한다.

이상의 기술을 믿고 위의 사항들을 따른다면, 모래 위에의 게임을 변화시킬 수 있다. 모래 밖으로 볼을 들어올린다는 생각은 마음 속에서 버리도록 하자. 당신이 고려해야 할 점은 볼 밑의 클럽 페이스에 힘을 주는 것이고, 완충기로써 모래를 이용하는 것이다. 이러한 것은 위쪽으로 향하는 힘을 만들어 줄 것이다.

소리에 대한 조언 : 치기, 듣기, 그리고 배우기

　연습에 들어간 다음에 볼 없이 스윙하는 벙커 연습을 몇 분 동안 해야 한다. 괜찮은 장소를 찾아서 모래를 쳐보고, 다양한 속도를 가지고 클럽 페이스를 쳐보자. 각각의 샷은 한 주먹의 모래를 날려 버릴 것이다. 모래 위에 줄을 긋고, 임팩트 순간의 클럽 헤드를 조절하는 것을 향상시키기 위해 기본적인 방식으로 그 줄을 치는 것을 연습해 보자. 이것을 홀 앞으로 모래 한 주먹을 던지는 것으로 생각해 보자. 그리고 자신이 친 샷의 소리를 들어보도록 하자.

　곧이어 당신은 자신이 모래를 쳐서 만든 소리에 의해 좋은 샷과 나쁜 샷을 구별할 수 있게 될 것이다. 무딘 소리보다 밝은 소리가 더 나은 결과에 이르게 할 것이다. 생동감 있는 소리는 클럽 페이스가 올바르게 모래를 쳤다는 신호이다. 역시 자신의 눈을 감고 스윙을 몇 번 해보자. 그것은 좋은 기술에 대한 지각을 높여주고, 동시에 일치된 리듬을 개발시키도록 도와준다. 몇 분 후에는 모래 위의 줄 위에 볼을 놓고, 똑같은 느낌과 똑같은 소리로 똑같은 스윙을 해보자.

　폴로스로의 길이에 의한 조절에 대해 생각해 보자. 모든 샷을 위한 긴 백 스윙을 반복해 보자 - 그것은 일정한 리듬을 만들어 준다. 그리고 더 멀리 공을 치기 위해서는 폴로 스로의 길이를 더 길게 하는 것에 중점을 두어야 한다. 이것은 또한 힘의 가속을 증가시킬 것이다. 너무 짧게 스윙하는 일반적인 잘못을 저지르지 말자. 그리고 나서 모래를 치자. 이러한 기술과 그것에 대한 다양성을 가지고, 벙커에서 상상할 수 있는 모든 상황에 대해 연습하고 또 연습해야 한다. 볼을 다양하게 놓고, 매우 심하게 묻혀 있는 볼을 깨끗하게 놓는 것을 피해야 한다. 앞의 턱을 피하기 위해 볼을 빠르게 쳐 올리고 높게 쳐야 한다. 그리고 역회전이 걸릴 수 있도록 클럽 헤드를 빠르게 해야 한다.

　다섯 번의 샷을 해서 홀인원할 때까지 벙커에 있었던, 세상에서 가장 좋은 벙커플레이어 중의 한 사람이었던 게리 플레이어처럼 될 필요는 없지만, 이런 줄을 따라 하는 자그마한 연습은 자신감을 세워주는 방법이 될 것이다.

나무 조각 날리기 : 기술 연마와 자신감의 획득

　많은 플레이어들에게 있어서, 모래 한 주먹과 볼을 치기 위한 클럽 헤드의 '퉁김'을 믿는 것은 다소 시간이 걸린다. 그러나 이 타법은 걱정을 극복하게 도와주고, 매우 빠르게 정확한 스플래시 샷의 감각을 제공해 준다.

　작은 나무 조각을 그림에서 보듯이 모래에 그것을 묻어보자. 적어도 조각에 모래가 1인치 정도 묻히게 하고, 그 위에 볼을 놓아보자. 그리고 준비 자세를 갖추자. 샌드아이언을 이용해서 보통의 스플래시 샷을 하도록 하자. 그리고 단순히 조각 위에다 클럽 헤드를 퉁겨보면서 느린 동작으로 볼과 약간의 모래를 날려보자 - 걱정하지 말자. 자연스런 스윙을 해보자.

　그리고 클럽이 퉁기는 것을 이용하여 조각에서 모래를 쳐보자. 몇 분 후에 조각을 없애고 보통으로 볼을 놓은 상태에서 똑같은 스윙과 임팩트 감각을 느껴보자. 명심할 것은 그립을 잡기 전에 클럽 페이스를 전개하는 것이고, 모래 밑에서 힘을 가속하는 것이다.

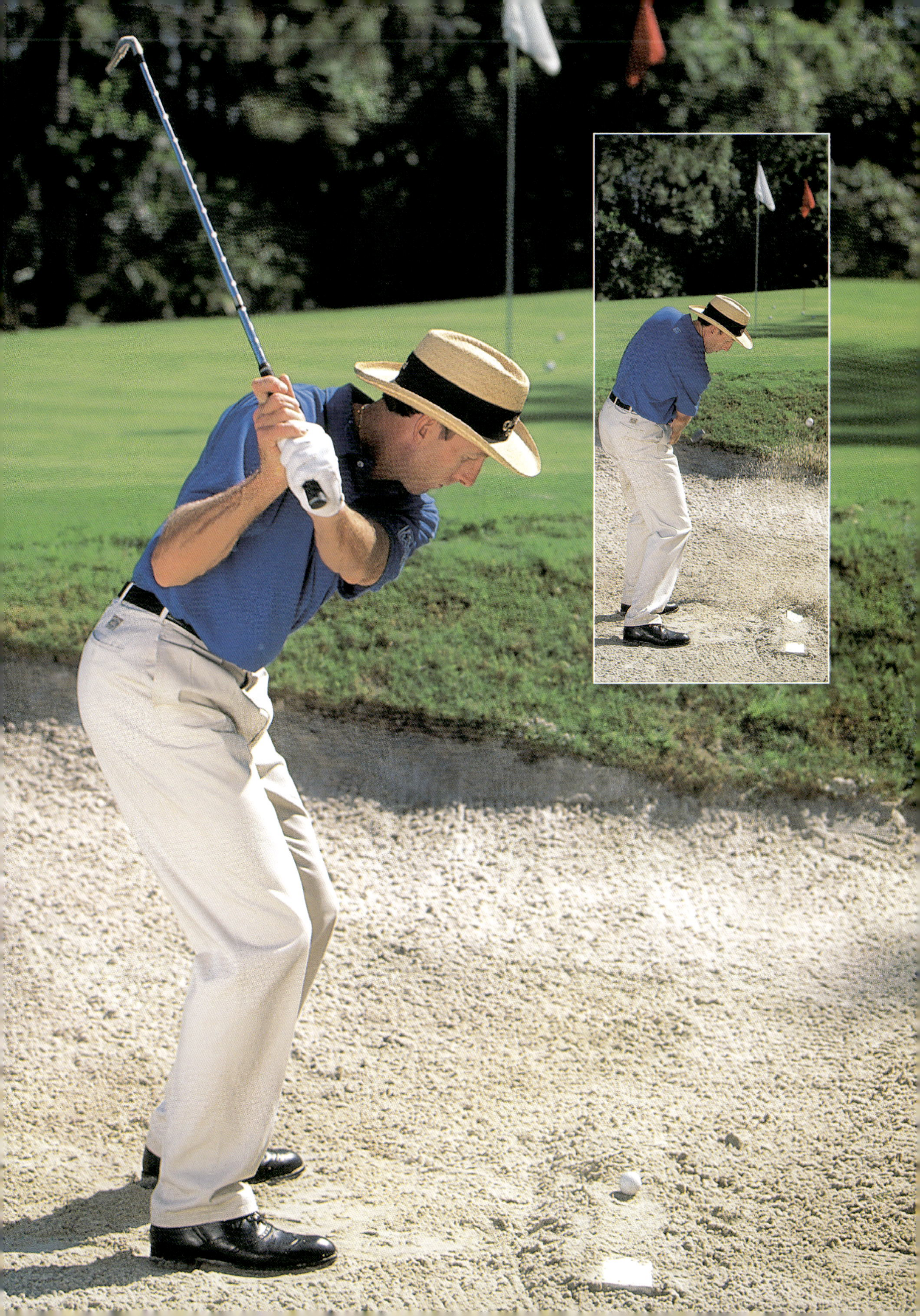

전문적인 샷 : '솜씨 좋은 공격'의 비밀

여기에 당신이 종종 직면하는 문제가 있다. 볼이 벙커에 잘 놓여 있지만, 깃대와 얼마 안 떨어져 있고 턱은 꽤 높다. 전문적인 해결 방법을 제시하자면 이렇다. 먼저, 몸을 조금 왼쪽으로 틀어 보자. 적어도 목표에 대해 45°정도 돌려 자세를 잡자. 그리고 왼발 안쪽의 반대쪽에 볼이 오도록 자신의 발을 위치시킨다. 손은 볼 뒤에 놓여 있는 것이다. 그리고 클럽 페이스를 심하게 위로 전개해 보자. 아래 사진에서 보듯이 오른손은 오른쪽 그립이 약화되도록 왼쪽 위에 잘 놓도록 하자. 이 마지막 정돈은 샷을 하는 동안에 클럽 페이스가 전개되도록 유지시켜 주고, 모래를 공략할 수 있게 해준다.

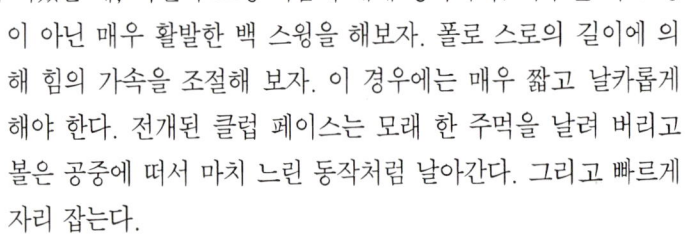

볼 위에서 편안하게 되었을 때, 자신의 스윙 리듬에 대해 생각하자. 지루한 백 스윙이 아닌 매우 활발한 백 스윙을 해보자. 폴로 스로의 길이에 의해 힘의 가속을 조절해 보자. 이 경우에는 매우 짧고 날카롭게 해야 한다. 전개된 클럽 페이스는 모래 한 주먹을 날려 버리고 볼은 공중에 떠서 마치 느린 동작처럼 날아간다. 그리고 빠르게 자리 잡는다.

전개된 클럽 페이스를 유지하는 것이 여기에서 성공의 열쇠이다. 그리고 이 샷을 연습할 때, 당신의 생각은 왼쪽 손목에 집중되어 있어야 하며, 마치 볼로부터 클럽을 멀리 떨어뜨리는 스윙을 하는 것처럼 클럽 페이스를 돌려야 한다. 그래서 가능한 최대한으로 클럽을 들어 올리는 데 초점을 맞춰야 한다. 또 임팩트 순간에 오른손은 왼손 밑에 있어야 한는데 이것은 클럽 페이스의 전개와 한 줌의 모래를 날리는 것을 도와준다. 스윙이 끝나고 난 후에도 폴로 스로를 유지하도록 하자.

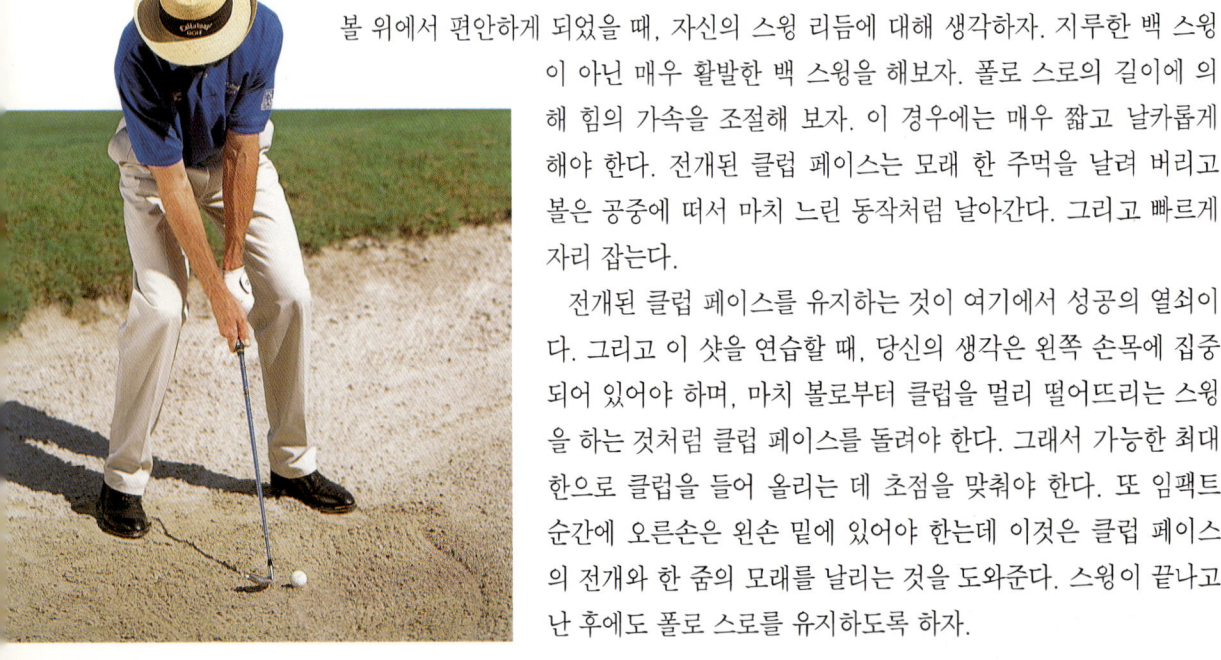

감각적으로 연습한다 : 그리고 당신의 터치로 조정한다

　브래드 팩슨은 그린 옆의 벙커로부터 미세한 거리 조정을 할 수 있게 하는 굉장한 타법을 한다. 그는 한 양동이의 볼을 가지고, 첫번째 볼을 가능한 한 홀에 가까운 그라운드에 조준하고 차후의 볼들을 점차적으로 뒤로 보내도록 하자. 그리고 벙커의 가장자리에 볼을 좀더 가깝게 보낼 수 있도록 노력해 보자. 그가 이전의 샷보다 볼 뒤에 붙인다면, 게임은 끝나는 것이다. 이런 종류의 연습은 볼이 날아가는 거리와 그린에서 볼이 반응하는 방법에 대해 임팩트의 자연스러움과 자신의 스윙 속도를 빠르게 연관시켜 준다. 당신은 모래에서 클럽에 힘을 가하는 것과 폴로 스로의 길이에 의한 거리의 조절에 초점을 맞추어야 한다. 조금 후에는 필요한 샷의 길이에 대해 자신의 스윙 길이를 연관시킬 수 있게 될 것이다. 이것은 조절을 위한 감각을 개선시켜줄 것이다.

특별한 샷 : 묻힌 볼을 칠 수 있는 V모양의 스윙

 만약 벙커 샷의 대부분을 이루는 둥근 U자 모양의 스윙을 생각해 볼 때, 그런 스윙은 비교적 잘하는 편이다. 약간 가파른 V자형의 동작은 볼이 묻혀 있을 경우에 유용하다. 이것은 볼의 밑부분을 파낼 수 있게 한다. 그리고, 말하자면 문제의 원인을 치유하는 것이다.

 약간만 묻힌 볼에 대해 (밑의 사진에서 보는 바와 같이) 나는 샌드 아이언을 사용하도록 하거나, 아니면 가능한 한 웨지를 사용하도록 제안한다. 그러나 샷의 궤도에 일치하는 클럽이 필요하다. 당신은 모래를 퍼올리기를 원할 것이다(모래를 퉁기는 것이 아닌). 그러므로, 보통의 그립을 잡았을 때, 리딩 에지가 목표물의 궤도에 대해 일치하도록 해보자. 보폭도 일치하도록 만들어 보자.

 그리고 체중의 대부분을 왼발에 싣고, 볼을 쳐보자. 스윙 그 자체가 똑바르게 '위와 아래'로 움직여야 한다. 손목의 급격한 변화와 함께 클럽을 쥐어보자(그래야만 스윙에 가파른 각도로 만들 수 있다). 그리고 나서 볼과 매우 가깝게 모래를 쳐보자. 당신은 폴로 스로가 거의 없거나 아예 없게 될 것이다 - 클럽 헤드가 모래에 묻히기 때문에 문자 그대로 볼을 터트리게 될 것이다. 왜냐하면 상당히 많은 양의 모래가 날아갈 것이기 때문이다. 그리고 보통의 경우보다 회전이 좀더 들어갈 것이다.

 모래가 보통 단단하거나 적은 경우에, 당신이 샷을 할 경우는 퉁김이 보다 적은 웨지 사용을 고려해 보아야 한다. 더 날카로운 리딩 에지는 볼 밑을 파내도록 잘 도와줄 것이다.

샌드 플레이 : 주의할 점

너무 짧은 백 스윙

볼과 모래, 둘 다를 칠 수 있는 충분한 힘을 만들기 위한 좋은 벙커 기술은 보다 완전하고 활발한 스윙을 필요로 한다. 전달되는 속도는 샷의 거리를 결정한다. 그러나, 좋은 플레이어는 그의 방법에서 굉장한 힘의 '흐름'을 사용할 것이다. 반대로, 많은 문제를 안고 있는 아마추어 플레이어의 잘못은 너무 짧은 백 스윙에 있다. 그래서 그의 클럽 헤드는 모래에 묻혀버린다.

여기서 내가 강조하는 점은 완전하고 활발한 스윙을 하는 것을 두려워하지 말라는 것이다. 당신의 스윙에 의해 힘을 받은 볼이 멀리 가는 것을 걱정하지 말아야 한다. 명심할 것은, 그립을 잡기 전에 클럽 페이스를 전개하는 한 - 그리고 스윙을 하는 동안 전개된 클럽을 철저히 유지하는 한은 - 볼을 공략할 수 있고, 그리고 볼은 짧은 거리로 날아갈 것이다. 자신을 믿는 것이 가장 중요하다.

다운 스윙시 다리는 유연하게

다운 스윙하는 동안 다리를 곧게 펴는 것과 일어서려는 경향은 미스 샷의 또 다른 징후이고, 나에게는 플레이어가 기본기를 완전히 배우지 않았다는 의미이다. 그들이 풀 스윙을 할 때, 무릎은 상체를 견고하게 하는 역할을 한다. 그래서 무릎에 유연성을 가지고 있어야 한다. 쳐낼 모래의 양을 조절하고 당신의 단계를 유지하기 위해서, 임팩트 순간에 유연성을 유지하는 것이 중요하다.

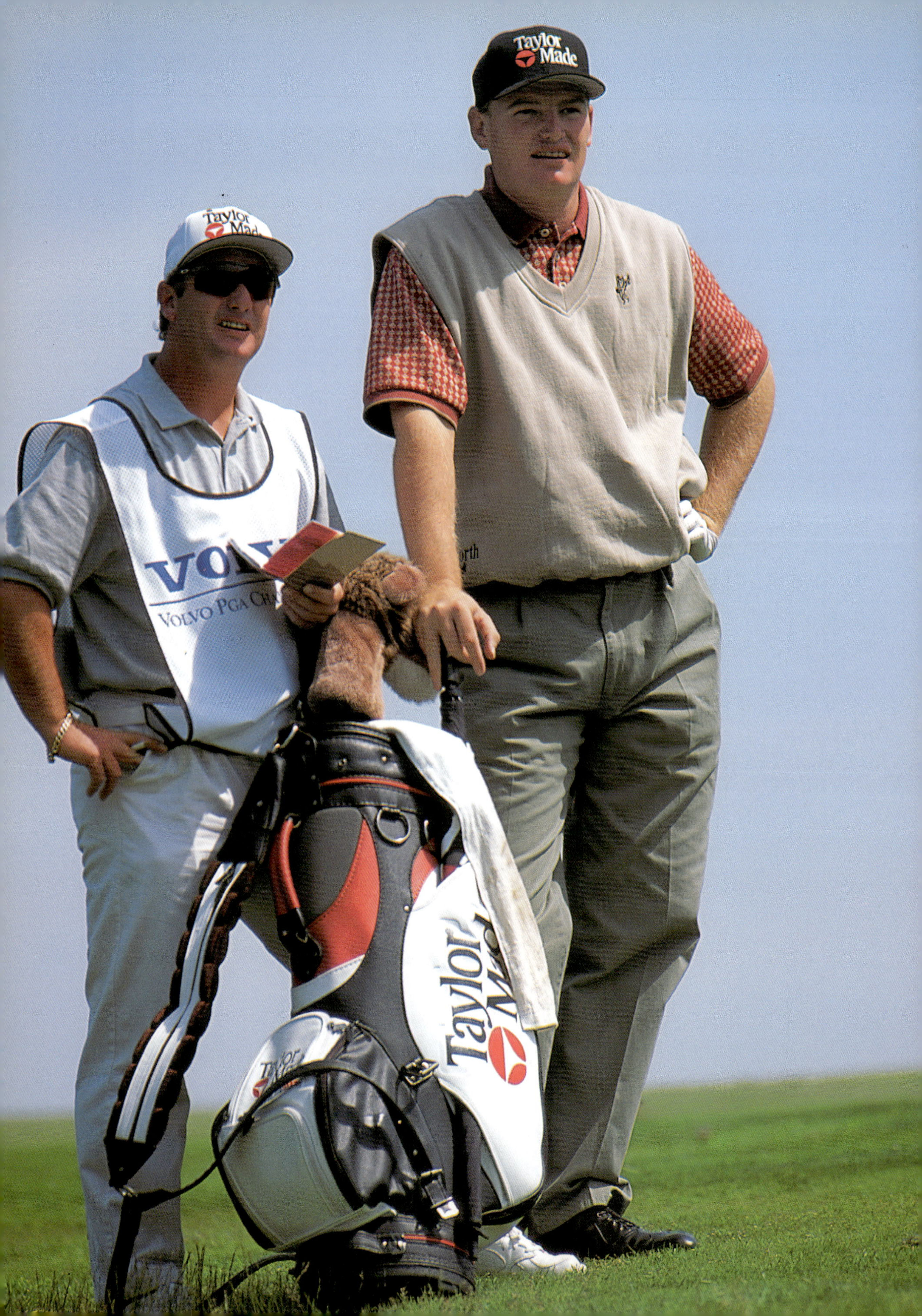
Taylor Made
Taylor Made

5 실전 훈련

나는 올랜도, 플로리다 그리고 세계 각지에 있는 나의 아카데미에서 잠재력 있는 골퍼들의 가능성을 평가하기 위해 초대받고는 한다. 거기서 나는 프로 투어에서 승리한 사람과 성적이 저조한 사람의 구분하는 것이 무엇이냐는 질문을 자주 받는다. 나는 뛰어난 기술적 능력보다는 플레이어의 태도, 사고 방식, 게임의 수행 능력 그리고 성공하려는 의욕을 더 높이 평가한다. 요즈음 토너먼트에서 티샷 치는 모습을 보면 게임에서 이기려는 플레이어의 수백 가지 재능 중의 어느 하나가 보일 것이다. 그들은 모두 볼을 절박하게 치는 것처럼 보인다. 그리고 챔피언에 가까워진 것처럼 보인다. 그러나 거의 몇 명만이 톱의 자리에 오를 수 있다. 승자를 구별해 내는 어떤 특성이 있는데, 마음의 힘과 자기훈련이 이 위의 태도들을 만들고 모든 차이를 만들어 낸다.

아마추어 골프에서도 마찬가지이다. 비록 플레이의 기본이나 핸디캡이 포함된다고 할지라도, 게임 진행을 위한 이러한 친화성을 가진 플레이어가 정상으로 나아가는 것이다. 이런 사람은 자기 자신을 도전을 위해 준비하는, 코스에서 전략적으로 생각하는, 그리고 부드러움으로 거친 것을 취할 준비가 된 플레이어이다. 당신이 그러길 원한다면, 실제 게임에서 이론을 갖출 수 있다.

훈련과 믿음에 대해

여기 진짜 문제가 있다. 골프 연습과 골프 게임은 다른 것이다. 잠시 이것에 대해 생각해 보자. 연습에서 티를 칠 때, 스윙을 하기 위한 준비 시간을 충분히 가질 수 있는 완벽한 수준의 여유를 가질 수 있다. 당신의 볼은 깨끗하게 놓여 있고, 침착함을 방해받지도 않는다. 피할 물도, 서투른 샷에 대한 페널티도 없다. 그리고 만약 나쁜 샷을 했다면, 그것을 잊고 다시 치려고 할 것이다. 물론 자신의 타격 수준의 향상에 관해서 어떤 목적과 기대를 가지고 있을 것이다. 그러나 당신을 협박하는 적이나 손에 연필과 종이 없이, 차례로 샷을 즐길 수 있을 것이다. 그리고 곧 편안하고 부담 없이 반복할 수 있을 것이다.

그 상황을 실제 게임과 대조해 보자. 골프 코스는 생생한 도전이다. 그리고 18홀 전체 중에서 정신집중을 유지하기 위한 능력은 이 길 혹은 저 길로 끌려 다닐 것이다. 게임을 할 때 변화하는 조건의 모든 종류를 경험하게 될 것이다. 어느 날은 북쪽에서 바람이 불고 다음 날에는 남쪽에서 바람이 분다. 극히 재수가 없는 날을 제외하고는 티에서 괜찮은 수준으로 볼을 칠 수 있다. 당신이 비록 볼을 잘 쳤더라도, 앞으로 진행될 상황은 예언할 수 없다. 그리고 당신은 볼이 일정하지 않게 놓여지는 것과 게임의 그라운드 조건에 적절하게 대응할 재치가 필요하다. 지금 당신은 또한 규칙의 제한을 넘어서거나 하는 등의 위험에 직면해 있다. 연습 티에서는 이러한 것들은 존재하지 않지만, 이런 것 모두는 인내력과 골퍼로서의 특성을 시험하는 것이다.

스포츠 심리학자로 잘 알려진 밥 로텔라 박사의 구절을 인용해 본다면, 성공적인 플레이어는 '골프란 완벽의 게임이 아니다' 라는 것을 먼저 이해한 사람이다. 골프 연습이 물리적 능력의 시험이라면, 게임을 하는 것은 마음의 준비에 대한 수준을 결정하고 압박감 속에서 기술을 발휘할 수 있는 능력과 정신의 강인함을 시행하는 것이다. 그런 부담스러움은 다양한 형태로 온다. 게임 파트너로부터 올 수도 있다 - 게임에서 지지 않으려는 부담감이나 동료의 표정, 잘 하기를 원하는 경기에서 친구들 앞에서의 실패, 그리고 큰 시합도 그런 부담을 줄 수 있다. 스트레스의 대부분은 지나친 기대에서 비롯되는데 이것은 자기 자신에게 고통을 주거나 부정적인 생각을 하게 한다. 예를 들어 당신은 자기 자신에게 말할지 모른다. 즉, '3타만에 끝내고, 나는 최고의 점수를 얻을 것이다' 이것은 부정적이다. 왜냐하면 지금부터 2개의 샷을 조절할 수 없기 때문이다. 따라서 앞으로 우리가 논의할 것은 '현재에' 머무르는 것에 대한 중요성이다.

티 연습의 빈약한 환경에서 이 문제들은 중요한 게 아니다. 그러나 골프 코스 외에서 이 문제들은 매우 현실적이다. 당신이 한 번에 한 샷을 하는데 초점을 맞추고 곧바로 생각하는 것을 배우지 않는다면, 이 문제들은 판단을 흐리게 하고, 행동도 주춤하게 만들 것이다. 육체적 기술의 훈련으로부터 변화를 만들기 위해 그것이 가장 중요할 때, 마음의 창조성과 능력을 가진다면 골프 스윙은 반드시 발전될 것이다.

한마디로 말하면, 실행할 수 있는 연습을 배워야만 하는 것이다. '연습 모드'와 '실행 모드' 사이에 존재하는 정신적 차이를 극복하기 위해 티 연습에서 '연습 모드'의 어떤 압박감을 경험케 해주는 자신의 전략에 실제적인 면을 도입해야 한다. 그리고 효과적으로 자신의 마음을 개발해서 코스 외에서 긍정적으로 도전에 응해야 한다. 이것은 모든 종류의 어려움이 있는 곳에서 샷을 하는 것을 배울 때나 단순히 무작위로 클럽을 가지고 볼을 치는 것 등을 포함하는 것이다.

그리고 샷 이전의 습관을 잘 길러야 한다. 이 과에서 제공하는 기본적인 목적도 이와 관련된 기술들을 설명하였다. 그것들은 마음에 경각심을 일깨워 줄 것이다. 많은 이러한 생각들은 내가 함께 했던 투어 플레이어와 함께 성공적으로 증명되어 왔다. 그리고 나의 희망은 당신이 자신의 훈련 스케줄에서 이것들과 똑같은 연습을 하는 것이고, 그래서 게임 진행에 대한 자신의 능력을 발전시키는 것이다.

게임에 대한 긍정적인 마음가짐

왜 수많은 투어 플레이어들이 연습할 때 좋은 습관을 어렵게 반복하려 할까? 간단하다. 그들이 물 너머에 있는 빈약한 그린에 4번 아이언 샷을 하거나, 좁은 곳에 볼을 보내는 토너먼트의 마지막 홀에 도달했을 때, 복잡한 '기술적 조치'에 대해 생각하기를 원하지 않기 때문에 감각에 의존하려는 것이다. 이런 감각은 그들이 평소 연습했던 그 궤도에 볼을 보내는 것이다. 나는 이미 지난 과에서 샷의 준비 습관의 중요성에 대해 다룬 바 있다. 이 점을 다시 강조하는 것은 그만큼 가치가 있기 때문이다. 스윙은 티 연습 몇 시간 동안의 훈련에서 만들어지는 본능적인 행동이며 습관이다.

아이언 샷의 준비 연습은 그것이 가장 필요한 코스에서 좋은 스윙에 다다를 수 있는 선택 중에 가장 기본적이고 효과적인 도구이다. 사실상, 샷은 볼에 다다른 그 순간부터 시작하는 것이다.

좋은 습관은 자연스러운 반복과 철저하게 연습하고 준비했을 때 만들 수 있다. 처음 샷을 할 때 10초 정도가 걸리다가, 다음에는 40초 정도 걸리는 것은 좋지 않다. 이러한 불규칙적인 행동은 불확실이나 집중의 부족 등에 기인하고, 그래서 반복적인 스윙을 하는 것을 방해한다. 유사하게 나는, 드라이버를 칠 때 네 번 정도 클럽을 앞뒤로 흔들어 보는 학생들을 보기 좋아하지 않는다. 스윙의 반복은 샷이 반복적인 궤도를 그리는 것을 요구하는 것이다. 이런 반복적인 요소는, 당신이 샷에 집중할 수 있고 볼에 대해서는 긴장을 풀 수 있게 해준다. 라운드 코스에서 자신의 습관에 작은 변화를 기대해 볼 수 있다 – 이것은 인간 본성이다. 그러나 위에서 말하는 것처럼 어떤 중요한 변화는 일반적으로 문제의 결과가 된다.

엄밀히 말하자면, 샷 이전의 연습은 가방에서 클럽을 꺼내는 순간부터 시작한다. 그때부터 당신의 감각은 신경 써야 할 관련된 사실들을 당신에게 알려 줄 것이다. 먼저 목표물까지의 거리를 고려할 때, 철저히 현재의 상황을 평가해야만 하는데, 볼이 놓여 있는 상태, 힘, 그리고 바람의 방향 등이 볼의 비행 거리에 영향을 미친다. 이러한 것이 컴퓨터에 입력되었을 때, 전략적 결정과 그리고 알맞은 클럽을 선택할 수 있는 것이다. 클럽선택에 있어서, 자신의 마음에 의심을 가지고는 결코 볼을 칠 준비를 할 수 없을 것이다.

클럽 선택의 미결정은 항상 빈약한 결과를 이끌어 낸다. 평가가 내려졌을 때, 목표물에 대한 마지막 집중과 함께 카운트다운이 시작된다. 대부분의 사람들이 볼 뒤에 바로 서는 습관을 가지길

▲ 샷을 치려할 때 좋은 자세를 취해 보자. 목표물을 식별하는 것과 자신이 원하는 자세를 마음 속으로 상상해 보자.

원한다. 그래서 당신은 샷을 마음속에 상상할 수 있고 자신이 의도한 궤도를 따라 가는 샷을 볼 수 있다. 마치 막대의 높이에 초점을 맞추는 높이뛰기 선수처럼, 그리고 그것을 뛰어넘는 자신을 그려보는 것처럼, 모든 생각은 성공에 맞추어 져야 한다.

당신은 볼을 칠 수 있는 바로 그곳에 목표를 잡아야만 한다. 예를 들어 드라이브를 칠 때(또는 다른 티 샷을 칠 때), 멀리 있는 굴뚝이나 나무 꼭대기 같은 땅보다 높이 있는 목표물을 잡는 습관을 가져야 한다. 어떤 뚜렷한 경계물에 대하여 샷을 하는 것은, 심리적으로 페어웨이에 보내려고 노력하는 것보다 덜 불안하다. 당신이 선택한 목표물을 확신하는 것이 볼의 비행 경향에 관련 있다. 또한 가능한 한 작으면서도 독특한 목표물을 잡아라. 만약 누군가가 당신에게 물어본다면 당신은 목표물에 대해 설명할 수 있어야 한다. 작은 목표물은 실수할 수 있는 여지를 적게 만든다. 그리고 몸으로 연습할 때에, 그런 작은 목표물에 적응하도록 하자.

나와 함께 했던 플레이어의 대다수는 더 나은 단계에 있는데, 먼저 볼 앞에서 중간 목표물(아마 오래된 벗겨진 잔디 자국이나 진흙)을 식별한다. 이것은 조준을 할 수 있도록 도와준다. 잭 니클라우스는 이 기술을 철저히 자기 것으로 활용한다. 그리고 당신이 그를 볼 때 그가 스윙 동작을 할 때나 스윙을 하기 전에 몇 번이고 그의 중간 목표물에 그의 시선을 준다는 것을 금방 알아차릴 것이다. 그의 이유는 간단하다. 멀리 떨어져 있는 깃발보다는 볼의 몇 피트 앞에 있는 목표물에 초점을 맞추기가 더 쉽기 때문이다.

자신의 마음속에 있는 움직임이 둔해진 영상을 지우고 나서, 약간 반원형으로 볼에 접근하자. 그리고 자신의 몸을 이러한 방법으로 위치시켜 보자. 즉 중간 목표물에 집중되어 있는 시간 내내 볼 뒤에 클럽을 위치시킴으로써, 몸은 목표궤도에 대해 직각을 이루게 된다. 클럽 페이스가 올바

▼ 자세를 취하기 위해 볼이 있는 쪽으로 걸어갈 때, 자신의 마음 속에 있는 목표물의 이미지를 계속 유지해 보자.

르게 조준되었다고 만족할 때, 그립과 자세를 움직이지 말자. 어떤 플레이어는 볼의 가운데에 두 발로 함께 서기를 좋아한다. 그리고 나서 볼의 위치를 결정하기 위해서 왼발의 위치를 조정하고 올바른 스탠스 넓이를 정하기 위해 오른발을 조정한다. 다른 플레이어들은 클럽 페이스를 정렬시킬 때, 오른발을 앞쪽에 두길 원하고, 그리고 나서 그곳에 왼발을 가지고 온다. 그러나 비록 샷의 준비를 훑어보기 위해 선택하였더라도, 그것이 일치하는 가를 확인하여야 한다. 즉, 풀 샷에서 다리, 무릎, 엉덩이, 그리고 어깨는 볼에서부터 목표물까지의 궤도에 평행을 이룬다. 자기 자신이 올바르게 정렬되었다고 느낄 때, 자신의 마음 속에 상상했던 자세와 자신이 볼을 보내기 원했던 중간 지점을 이용한 샷 감각을 가질 수 있는 것이다. 마지막으로, 웨글을 추가하는 것은 시작할 때의 움직임의 형태를 나타내는 것이며 엔진을 갖는 것이고 행동을 준비하는 길이다.

왜글은 중요하다. 이것은 손과 팔의 긴장을 해소해 주고, 또 스윙 시 처음 몇 피트 정도는 클럽이 지나가야 하는 궤도에 대한 적절한 마음의 영상을 형성하는 데 도움을 준다. 또한 플레이에 관한 샷의 형태에 대한 느낌의 더 큰 감각을 제공해 줄 것이다. 나는 개인적으로, 목표물을 바라볼 때 두 번 정도 웨글을 하고 나서 볼에 다시 눈의 초점을 맞추거나, 마지막에 가해지는 압력을 이완시키는 것을 염두에 두는 - 약간 앞쪽에 힘을 두고, 오른쪽 무릎을 꼬거나 머리를 약간 돌리는 동작을 하면서 부드럽게 샷에 들어가는 플레이어를 좋아한다.

어떤 특별한 습관이나, 또 다른 그들만의 트레이드마크를 가지고 있는 모든 위대한 플레이어를 생각해 보자. 게리 플레이어, 잭 니클라우스, 그리고 닉 팔도같은 플레이어들은 좋은 습관의 가치를 증명한다. 탐 왓슨은 또 다른 좋은 웨글을 가지고 있다. 이것의 요점은 스윙을 하기 위한, 자기

▼ 클럽 페이스를 목표를 향해 신중하게 겨누고, 발, 힙, 어깨를 목표선과 평행하게 정렬시킨다.

도 모르게 생기는 긴장을 막기 위한, 그리고 리듬감 있는 부드러운 시작에서 스윙을 얻기 위한 외관상의 자연스런 행동을 발전시키는 것이다.

이런 뚜렷한 개인적 관습은 골프에서도 예외가 아니다. 테니스의 전설적 인물인 이반 랜들은 서브를 넣기 전에 공을 일곱 번 튕겼다. 그것은 그의 샷 이전의 습관이다. 이런 일곱 번의 공을 튕기는 것이 그에게 집중력을 제공하였다. 그리고 그것이 바로 요점이다. 유사하게, 골 킥을 하는 사람도 볼을 차러가기 전에 정해진 스텝에 따른다. 농구에서 플레이어들은 자유투를 하기 전에, 흥분을 가라앉히고 연습에서 수천 번도 더 해봤던 자기의 기술을 발휘하기 위해 정해진 시간 안에서 볼을 튕기는 매우 다양한 개인적 습관을 소유하고 있다.

트레이드마크를 만드는 것은 자신의 손에 달려있다. 그리고 이런 자신의 트레이드마크를 연습하는 것은 스윙을 연습하는 만큼 중요하다. 생각하기 위해 잠시 뒤로 물러나고 자신이 치고 싶어하는 샷의 형태를 생각해 보자. 집중하기 위해 자신의 마음을 긍정적으로 만들어 보자. 그리고 자신의 습관적 스텝을 경험해 보자.

이것은 모두 표준화된 행동으로 요약할 수 있다. 훈련된 샷 이전의 습관은 부담감을 극복할 수 있게 도와주고, 연습에서 획득한 기술들을 반복할 수 있게 해준다. 결국 일관된 많은 시간을, 모든 샷을 해보는 것과 그리고 괜찮은 스윙 동작을 쉽게 반복하게 하고 긴장을 이완시켜 주는, 어떤 개인적 특성들을 갈고 닦는 것에 쓰기를 원할 것이다. 그리고 당신이 플레이를 하기 위해 샷을 준비할 때 생각이나 습관이 방해받는다면, 물러났다가 다시 시작해야 한다는 것을 명심하자. 당신이 가지는 이러한 주의와 조심성은 좀더 나은 샷을 가능하게 한다.

▼ 클럽 헤드를 웨글해 보자. 그리고 나서 자신의 스윙을 하기 위해 준비하자.

코스를 보고 플레이하자 : 긍정적 이미지, 긍정적 사고

어떤 특별한 자신의 기술적 요소를 연습할 때, 똑같은 클럽을 가지고 차례 차례로 볼을 쳐보는 것은 권장할 만하다. 그러나 게임을 하는 것과 연습하는 것은 다르다. 어떻게 그것을 일치시킬 것인가? 똑같은 지면에 놓여 있는 볼을 똑같은 클럽으로 치는 것은 근육을 이용한 기억에 유익하다. 그러나, 이러한 것들은 상상력이 흐려지는 것을 막거나, 목표물을 향해 볼을 때리기에 앞서 몸과 마음을 알맞게 조정해 주지는 못한다 - 이것은 정확히 코스에서 무엇을 해야 할 것인가에 대한 것이다.

티 연습에서 게임을 하는 기술의 발전을 위해 내가 알고 있는 최고의 효과적인 연습 중의 하나는 1과에서 주로 다루었던 정신적 연습 타법이다 - 정확한 샷을 '보는 것'과 그것을 해보는 것이다. 이것은 눈에 보이는 홀이나 특별한 홀에 대한 현실 상황에 자기 자신을 놓아보는 것도 포함한다. 그리고, 이러한 것은 연습 스윙과 실제 게임 사이의 변화를 만들 수 있는 것으로써의 개념을 수립하는 데에 유익하다.

골프 코스의 타구 거리표의 도움과 생생한 상상력으로 티 연습을 하는 것이 골프 코스를 완벽하게 칠 수 있게 해준다. 그러나 당신이 알고 있는 모든 샷을 연습하는 과정에서, 실제로 코스 밖에 있어야 할 필요가 있을 것이다. 이것처럼 해보자. 즉, 연습하듯이 첫번째 티에 당신이 서있다고 상상해 보자. 그리고 자신이 사용하기로 한 클럽을 가지고, 샷하기 전의 습관을 대충 해보고, 자신이 치려고 하는 샷을 마음 속으로 상상해 보고, 실제로 게임을 시작해 보자. 공중에 뜬 볼을 보고, 그 볼이 어디쯤 있는지 측정해 보기 위해 자신의 상상력을 이용해 보자. 그린에서 자신을 위해 남아있는 대략적인 타구거리를 이해하고, 두 번째 샷을 해보자. 그리고, 게임을 계속하는 것이다.

진지하게 이런 연습을 한다면, 각 샷에 적절한 대응을 할 수 있고, 상상 속의 18홀에서 연습해 볼 수 있다. 30분 동안 볼을 치는 것보다 이런 정신적인 연습이 실제 게임을 위한 워밍업에 더욱 효과적이다. 그리고 나는 주로, 특히 자신의 생각에 너무 빠져있는 경향의 학생들에게 적어도 첫번째 샷 보다는 더 중요한 3이나 4번 홀에서 플레이를 할 때, 위의 사항을 정규적인 워밍업 부분으로 해보기를 충고한다.

▶ 음악을 이용해 연습하면 선수들이 쇼트 게임을 할 때 그들의 박자를 조정하는 데 확실히 도움이 된다.

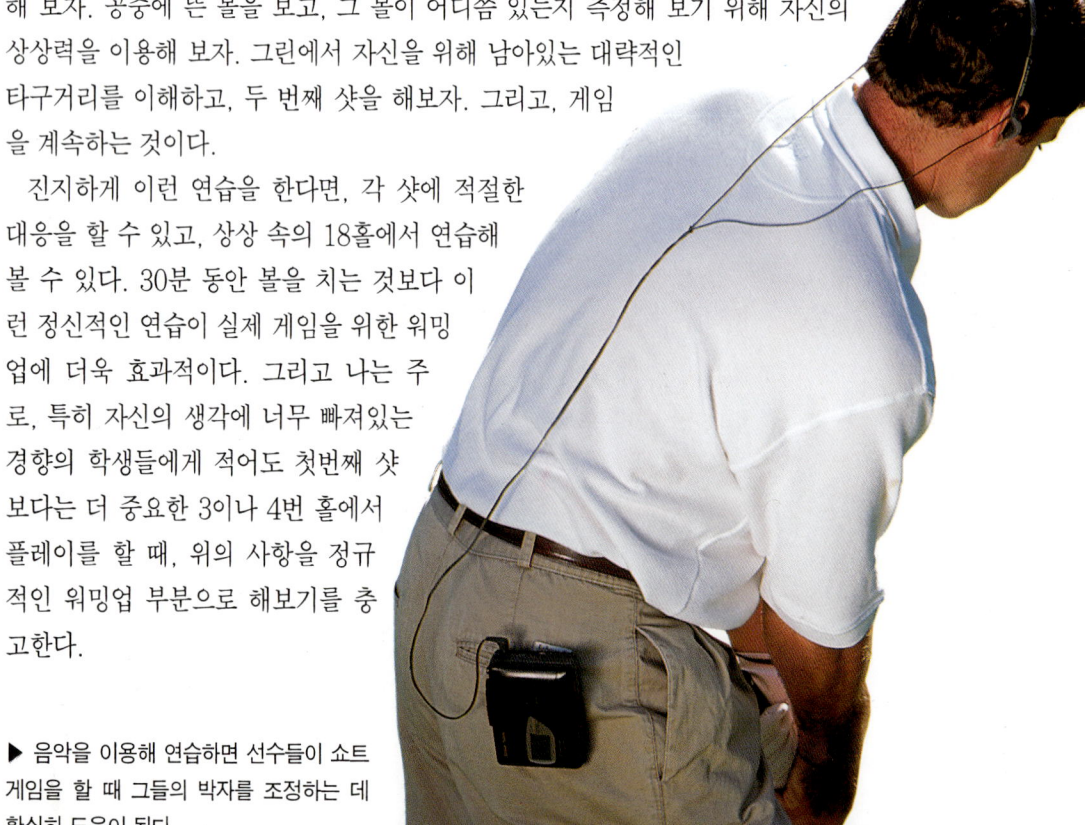

이것은 좋은 시작을 할 수 있게 해주는 중요한 요소이다. 현실 상황을 상상하고 그것에 자기 자신을 적용하는 것 또한 압박감을 완화시키고 어떤 클럽을 가지고 샷을 할 것인가와 특별한 홀에서의 플레이에 대해 당신이 가지고 있는 어떤 정신적 장벽을 극복할 수 있게 도와준다. 페어웨이 왼쪽 부분 전체가 펜스에 의해 막혀있는 짧은 14코스에서 경계선 밖으로 훅이 날 것 같은 공포감에 놓여 있는 자기 자신에게 자신감 있게 말해보자. 티 연습에서처럼 홀을 '보는 것'과 자신의 마음에서 계속 티 샷을 하는 것은 실패의 두려움에서 벗어나게 해주고, 좀더 강한 플레이어로 만들어 준다.

명심할 것은, 연습 상황에서 좀더 자주 자기 자신을 압박 상태에 놓을수록 실전에서는 더 좋은 플레이를 할 수 있다. 경계 밖의 왼쪽에서 티 샷을 할 경우나 물 건너에 있는 파 3을 롱 아이언으로 쳐야 할 때 당신은 좀더 잘 준비되어짐으로써, 실제로 코스의 압박감을 잘 이겨낼 수 있을 것이다. 이것은 두뇌와 몸과의 의사 소통 관계를 깨끗하게 해주는 것이다.

당신은 집에서 이런 개념을 적용하고 확대해 볼 수 있다. 쟈니 밀러는 토너먼트 전날에 홀로 앉아 성공에 대한 기분을 느끼면서, 눈을 감고 자신이 플레이하는 모습을 상상해 본다고 말하곤 한다. 이런 행동은 '이기려는' 마음 상태를 형성하도록 도와준다. 그리고 게임에 필요한 모든 올바른 긍정적 느낌을 만들도록 해주며, 자신의 최상의 실력을 내게 해준다. 게임을 유익하게 하는 전에 경험했던 상황의 느낌을 자기 자신에게 심어주기 위해 당신이 할 수 있는 모든 것은, 자기 수준을 향상시키도록 유도하는 유명한 골퍼들의 비디오 테이프를 보는 것과 골프에 관한 책을 보는 것, 시합 전 날 자러 갈 때 개인의 최상 점수에 대해 꿈꾸는 것 등은 자신의 성공을 위한 준비에 많은 도움을 줄 것이다. 이러한 모든 행동은 자신의 마음속에 긍정적인 이미지와 대담함을 남겨 놓을 것이다.

또 다른 각도에서 보자면, 나는 음악과 함께 연습함으로써 그들의 연습을 굉장히 발전시킨 많은 학생들을 알고 있다. 그들은 자신의 진정한 리듬을 찾고 반복할 수 있게, 그리고 클럽 헤드를 스윙할 때 집중할 수 있도록 이어폰을 통해 자신의 기분을 이완시켜 주는 음악을 듣는다고 말한다. 노래 가락을 휘파람을 불거나 허밍으로 하기를 더 좋아하는 이들도 있다. 퍼지 조엘러와 마크 맥컴버는 완화된 상태를 유지하는 것과 각 샷 사이에 자신의 리듬을 유지하고 압박감을 덜기 위한 수단으로써 골프 코스에서 휘파람을 불고 허밍을 한다.

미국의 투어 플레이어의 대부분은, 그들이 연습할 때, 특히 그린 위에서 퍼팅할 때에 메트로놈을 이용한다. 이러한 연습은 자신의 개인적 리듬을 찾고 반복할 수 있게 도와준다. 빠르거나 느린 것은 중요한 게 아니다. 중요한 것은 모든 스트로크에서 일정한 박자를 반복하는 것이다. 그리고 메트로놈은 이것을 가르쳐 준다. 내부의 리듬은 거의 압박감에 의해서 변화되는 경향이 있다. 당신은 급하게 다가서고, 너무 빠르게 스윙하거나 너무 천천히 클럽을 다운시키는 경향이 있을 것이다. 그러면 두 번 보다는 네 번의 스윙 연습을 갖도록 하자. 단조로운 '하나둘' 박자의 일치감을 주입시키기 위해 연습에서 당신이 할 수 있는 모든 것은 자신의 실제 게임에서도 유용할 것이다. 이것을 성공할 때까지 계속해 보자.

편안함을 유지하는 방법 : 호흡 패턴에 집중해 보자

　모든 플레이어는 자기 자신의 점수의 시작점을 갖고 있고, 그것을 깨기 위해 골프를 친다고 할 수도 있다. 타인이 기대하는 것과 자신의 핸디캡을 반영하는 점수를 지향하고 있을 때, 일반적으로 라운드가 넓은 곳에서 더 편안함을 느낀다. 그러나 낮은 숫자를 얻기 위한 자기 자신을 발견한다면 무슨 일이 일어날까? 갑자기 불안할 것이다. 지금 당신은 '안전 지대' 밖에 있는 것이다. 그래서 당신은 그 일을 끝내기 위한 자신의 능력을 의심하기 시작할 것이다. 아마 4번이나 5번 홀에서 플레이할 때, 당신은 '현재의 강한' 집중력과 이러한 위치를 잡게 해주는 긍정적 마음가짐을 잃게 되는 것이다. 그리고 이러한 압박감이 자신의 점수에 커다란 영향을 미칠 것이다.

　18번 홀까지의 코스에서 게임을 유지하고 잘 하기 위해서는 긴장을 하지 않는 이완된 상태에 있어야 하는 게 필수적이다. 만약 '긴장'이나 '걱정'을 느끼기 시작하면, 보통 때보다 더 빨리 움직이면서 샷을 하려는 위험이 있다. 그래서 샷 이전의 습관적 행동을 서두르게 된다. 이러한 행동은 자신의 안정감을 깨뜨리는 데에 일조하는 전형적인 압박의 징후들이다. 그리고 이러한 경향을 인식해서, 그것에 대해 어떤 조치를 하는 것이 중요하다.

　코스 외에서 자신의 리듬과 박자를 조절할 수 있는 가장 쉽고 효과적인 방법 중의 하나는 호흡을 통한 것이다. 나는 1과에서 첫번째 티를 신중하게 때리도록 도와주는 호흡 조절과 그리고 어떠한 신경 쓰이는 상황에서도 적용될 수 있는 원리를 제시했었다. 당신이 압박감을 가지고 있을 때, 많은 상황이 벌어진다. 몸의 작은 근육들은 수축되기 시작하고, 심장 박동은 증가하고, 자신의 몸은 긴장하게 되고 두려움을 느끼게 된다. 그리고 당신이 줄곧 연습해 왔던 것들을 너무 어렵게 생각하기 시작한다. 천천히 그러나 확실하게 이러한 반응들은 스윙과 현재의 마음 상태를 침식할 것이다. 그러나 조절된 깊은 호흡 연습의 연속 동작은 긴장을 감소시킬 수 있다.

　티 연습에서 이것을 시도해 보자. 볼을 위치시키고 클럽을 왜글할 때 깊은 호흡을 한 번 해보자. 그리고 나서 철저한 스윙을 해보자. 백 스윙을 시작하는 순간에 숨을 내쉬고 폴로 스로를 마칠 때까지 계속 호흡을 멈추어 보자. 숨을 자연스럽게 내뱉음으로써 스윙을 조절해 보자. 깊게 숨을 들이마시고 내뱉는 것 외에는 아무 것도 집중하지 말고, 몇 개의 샷을 해보자.

　이 기술은 모든 클럽을 가지고 하도록 하자 - 특별히 그린에서. 그리고 이 기술은 큰 압박에 직면했을 때의 실제로 방어기 역할을 한다. 안정감을 상실했을 경우에도 이 호흡 연습은 점수에 대한 생각을 자제하도록 도와줄 것이다. 그리고 좋은 스윙을 만들 수 있게 충분히 편안한 자세를 형성시켜줄 것이다. 요점은 한 번에 한 샷만을 치는 것에 집중하는 것이다.

　깊은 호흡은 또한 샷을 한 후 걸어갈 때, 편안함을 제공해 준다. 나와 함께 했던 플레이어들은 나에게 이렇게 이야기한다. 즉 토너먼트에서, 홀에 가까워질 때 그들은 티에서 그린으로 걸어가는 동안 깊게 호흡하는 것 외에는 아무 생각도 하지 않는다. 그래서 그들은 그들의 볼 앞에 도착했을 때, 자기 자신의 몸과 마음을 조절하는 것을 느낀다고 말한다.

　자세와 몸짓은 자신의 정신적 상태를 잘 반영한다. 어깨가 구부정한 플레이어와 고개를 숙이고 걷는 플레이어는 보통 좋은 성적을 올리지 못한다. 반면에 똑바로 당당히 걷는 플레이어들은 좀 더 긍정적이며 마지막 퍼팅까지 최선을 다한다. 그들의 몸짓은 그들이 어떻게 느끼길 원하는지를 반영한다. 심지어 연습에서조차, 잘해 볼 필요가 없을 때에도 자신의 균형을 유지해야 한다.

당신이 해야 하는 게임들 : 상상력의 시험, 긴장감의 이용

　당신이 할 수 있는 게임은 여러 개가 있는데, 그 중에 가장 쉬운 것은 홀수 대 짝수 같이, 다른 볼에 대해 다른 하나의 볼을 경쟁시키는 것이다. 즉, 대항전 형식의 상황을 만드는 것이다. 여기서 다시 긴장감의 한가지 기본 요소를 도입해 보도록 하자. 이것은 좋은 스윙을 반복할 수 있도록 자신의 능력을 강화시켜준다. 더 나은 플레이어는 좀더 나은 단계에 있는데, 그들은 볼을 치는 자신들의 능력을 시험할 수 있는 다른 상황에서, 독특한 샷을 해보거나 또 다른 방향으로 플레이를 해본다.

　비교적 자신의 방식만으로 연습할 수 있는 다른 방법은 '투 볼 워스트 볼'을 해보는 것이다. 당신은 그저 티에서 볼 두 개를 치면 된다. 그리고 나서 볼이 떨어진 곳에서부터 또 다른 샷을 하는 것이다. 그래서 홀인원할 때까지 계속하고 자신의 점수를 적어보는 것이다. 상대적으로 파 4나 파 5 홀에서는 5번 아이언으로 티샷하는 것을 삼가하라. 이 같은 방법은 일반적으로 9번 아이언과 웨지를 사용하는 그린에 대해 어프로치 샷을 위한 우드와 좀더 긴 아이언을 가지고 당신이 샷을 하게 요구함으로써, 매우 짧은 코스에서 자신의 대부분의 시간을 사용하는 플레이어들을 위해 특별히 유용한 연습 방법이다.

　어느 날, 한 개의 퍼터를 포함한 3~4개 정도의 클럽을 가져가려고 마음먹고, 자신의 점수도 알아보려고 한다. 이것은 상상력과 다재다능을 실제로 시험하는 것이다. 규정된 코스의 거리에 정확히 맞는 클럽을 가지고 있지 않을 때, 즉흥적이고 인위적인 샷을 해야만 한다. 이것은 스스로 그리고 모든 골퍼들이 개발해야만 하는 기술이다. 당신은 자신의 결과에 놀랄 것이다. 클럽 3개를 이용한 샷은 평소보다 더욱 낮은 점수를 획득하게 해준다. 왜냐하면 (1) 플레이어가 드라이버에 의해 유혹받지 않고, 그래서 플레이 상태에서 볼을 유지하려는 경향이 있고 (2) 그린에서의 샷의 도착 지점과 그린까지의 거리에 대해, 더 심각하게 생각해야만 하기 때문이다 - 즉 더 많은 전략적 인식과 코스의 파악이 필요하다.

　거리 조정의 문제는, '전적으로' 아이언 샷에 의지하지 않는 것과 '압도적인' 샷 그리고 '약하게 미는' 샷 등은 실제적인 조정 능력을 가르쳐 줄 것이다. 티 연습에서 이러한 모든 샷을 고려해 보자. 샘 스니드는 그의 조절 능력을 키우기 위해, 다섯 개의 서로 다른 클럽으로 똑같은 거리에서 샷하는 연습을 하곤 한다. 그가 보통 150야드를 7번 아이언으로 공략한다면, 그는 6, 5, 4, 3번 아이언을 가지고 150야드를 치려고 노력한다. 그리고 이 샷들이 모두 좋은 비행과 궤도를 유지할 수 있도록 한다. 이것은 좀더 나은 플레이어의 연습 방법이다.

　명심할 것은 아이언 클럽도 거리에 해당하는 클럽이 아니라는 것이다. 그것들은 모두 정확성에 관계된 것이다. 너무 강한 스윙은 볼을 칠 때 실수하게 만들 뿐만 아니라, 볼을 보내는 거리 조절 능력도 변덕스럽게 만들 것이다. 연습할 때는, 코스에서 몇 번의 연습을 하고 난 다음에, 모든 어프로치 샷에서 클럽을 바꾸어 연습을 해보자 - 즉, 일반적으로 8번 아이언을 이용해서 샷을 할 때, 7번 아이언으로 바꿔 사용하는 것이다. 필시 당신은 보통 때보다도 볼을 더 잘 칠 뿐만 아니라, 볼을 홀에 더욱 가깝고 똑바로 접근시킬 것이다. 그린 앞에 도달했다고 해서 만족하지 말아야 한다 - 적어도 핀 높이에 볼을 놓아야 한다. 일반적으로 말해서 조화롭고 안정된 샷을 치기 원한다면, 자기 자신 안에서 자기만의 플레이를 개발해야 한다.

쇼트 게임 기술에 도전 :
가장 경쟁적인 연습

　경쟁은 마음을 강하게 해주고, 또한 연습 시간에 가치 있는 역할을 더해 준다. 특별히 쇼트 게임은 상상력을 위한 큰 전망을 제공해준다. 그리고 당신은 이러한 도전을 하기 위해 가장 좋은 기회를 만들어야만 한다 - 약간 우세한 능력이나 또는 대등한 플레이어와의 경쟁에서. 그린 주위나 혹은 그린 위에서 그러한 영역이 존재한다. 경쟁 시합 상황을 만들어보고 치핑, 피칭 그리고 벙커 플레이를 각각 연습해 보자. 똑같은 위치에 놓인 세 개의 볼을 각각 쳐보자. 그리고 누가 많이 성공하는지를 보도록 하자. 다른 방법으로, 그린 주위에 볼을 뿌리고 나서, 그 볼들이 놓인 곳으로부터 각각 볼을 치면서 누가 많이 성공하는지 도전해 보자. 목표물을 설정하고, 그것들에 볼을 보내도록 노력하자. 긴장감 아래서 서로의 연습을 위해 퍼팅 경쟁을 해보자 - 특별히 게임을 이기고 지는 판단을 함으로써.

　이런 게임들은 마음 속에서 '기술'을 제거해 주며, 목표물에 초점을 맞추게 해준다. 그리고 자신의 압박감에 대해 면역을 갖게 도와줄 것이다. 이런 실제적 연습 형태를 만족시키면 시킬수록, 낮은 점수를 위한 자신의 실행 능력을 더 빨리 개선할 수 있을 것이다.

　연습 상대와 함께 그린에서 퍼팅할 때, 내가 좋아하는 게임은 20~30피트 떨어진 곳에 두 개의 홀을 만들고, 위의 그림에서 보듯이 US 투어 플레이어인 탐 시러와 함께 서있는 것처럼, 각각의 반대편에 서로 한사람씩 서는 것이다. 퍼팅이 성공하자마자 진영을 바꾸는 것이다. 5점이나 10점에 먼저 도달하는 것으로 해보자. 서로가 동시에 경쟁할 때, 이것은 자신의 스트로크를 즐길 수 있도록 도와준다.

연습 계획 : 최대한으로 자신의 시간으로 만들자

　대부분의 플레이어들은 자신이 할 수 있는 한 최대로 효과적인 연습 시간을 갖지 못한다. 시간은 우리 모두에게 중요하다. 그러나 자신의 게임을 위한 시간을 조직하는 것은 좀더 효과적인 연습을 하게 만든다.

　내가 학생들과 시간 관리에 대해 논의할 때, 나는 연습의 세 가지 독특한 부분에 그들의 주위를 이끌곤 했다. 그리고 개발 프로그램을 익힐 때, 자신들의 위치를 확인 시켜주기 위해 이런 문구들을 염두에 두는 것은 유용하다. 먼저 **'기초와 발전'**이 있는데, 이것은 초보자들이 좀더 기본적인 것을 배우기 위한 수업을 갖는 것과, 더 나은 게임을 위해 기본으로 돌아가려는 선택을 하는 좀더 한창 때인 선수 모두를 포함한다. 두 번째는 **'정제 과정'**이라는 문구인데, 플레이어가 스윙을 바꾸려고 할 때 좀더 자연스러운 새로운 자세를 만드는 것이다. 세 번째는 **'유지'**라는 문구이다 -

만든 자세를 끝까지 유지하는 것이다. 여기에서 주요한 관심은 코스의 밖에서 점수를 개선할 수 있는 기술에 있다.

당신은 '유지'라는 문구에 더 집착하려 하겠지만 능숙한 단계에 도달하기 위해서는 '기초와 발전'에 많은 시간을 투자해야 한다. 그리고 세 번째 문구를 성취한 플레이어일지라도, 그들의 게임을 개선시키고 그들 최고의 자세를 유지하기 위해서는 두 번째 문구로 돌아가는 것은 필수적인 일인 것이다

내 견해로는 배운 문구를 확신하는 것이 중요하다. 왜냐하면 이것은 배움의 형태를 결정짓기 때문이다. 개발 단계에서 각 샷의 결과에 대해 매우 편안한 태도가 되기 위해, 그리고 목표물에 대해서 보다 세부적 기술에 관심을 집중하기 위해, 나는 플레이어들이 많은 타법을 시행해 보기를 기대한다. 나는 학생들에게 동시에 6개씩 짝지어 볼을 때리도록 하고, 기술과 목표물에 대한 생각의 비율을 6 : 0으로 하도록 추천한다.(첫번째 '만들기' 단계에서는, 기술에 중점을 두어야 한다). 좀더 균형 잡힌 자세로 샷을 할 때 많은 비디오 분석, 스윙의 포인트에 대한 체크, 그리고 이것들을 반영할 수 있는 연습 계획 등이 있어야 한다고 생각한다. '발전' 단계에 있는 플레이어는 점수에 대해 걱정하지 말아야 하며, 샷의 실수에 당황하지 말아야 한다 - 즉, 모든 것이 그 영역 안에 있다.

큰 위험은 결코 첫번째 문구에서 벗어나지 않는 것이다. 그리고 효과적인 계획을 따라 가는 것은 두 번째 문구와, 좋은 샷을 쳤지만 일치감이 부족해서 여기 저기 땜방하듯이 자신의 구질이나 샷을 개선시키기 위해 약간의 변화를 주는 '정제'의 단계에 이를 수 있도록 도와준다. 이러한 단계에서 연습이란 기술과 목표물이 잘 혼합된 것인데, 자신의 리듬과 행동을 개선시키는 타법을 주로 해보고, 부분적인 면보다는 하나의 완전한 스윙에 대해 생각하는 것이다. 앞의 6개의 볼에 관해서, 나는 이런 경우 4 : 2의 비율로 연습하기를 추천한다 - 즉, 4개의 볼은 기술에 초점을 맞추어 때리고, 2개는 목표물을 생각하며 때리는 것이다. '유지'의 단계에서, 플레이어는 게임을 습득하고 잘 할 수 있어 즐겁다. 점수 관리 기술을 갈고 닦는 것을 강조하고, 더불어 쇼트 게임에 관한 중점 사항을 연습해 보자. 이제는 기술과 목표물에 대한 비율이 0 : 6이 되어야 한다 - 즉 모든 의식적 생각은 목표물을 찾는 데에 직결되어야 한다. 좀더 말하자면, 나는 이 단계에 이른 플레이어들에게, 그린 주위에서 자신의 자세를 다양화하고 티 연습에서 14개 클럽으로 모든 종류의 샷을 치도록 더욱 권장한다.

골퍼로서 자신을 개발할 때, 효과적인 연습 계획을 만들 수 있는 관건은 양보다는 질에 있는 것이다. 수백 개의 볼을 쳤던 플레이어들의 이야기들과, 확실히 적당하고 낮은 핸디캡을 가진 플레이어가 볼을 치는 것에 재미를 느끼는 것은 위의 연습 방식을 가능하게 한다. 그러나 이런 방법이 확실하지는 않다. 나는 개인적으로, 정해진 시간 계획 내에서 자신이 중점을 두고 연습하는 필수적인 샷을 반복하는 것이 더 중요하다고 생각한다.

나는 종종 너무 심하게 연습해서 자신이 해 놓은 것을 잃어버리는 것과 과도한 시간 투자에 의해 상황이 더욱 나빠진 플레이어들을 보았다. 한 예로 훌륭한 8핸디캡인 회사의 중역이 일주일에 한 번씩 게임과 연습을 했다. 은퇴한 뒤로 그는 일주일에 다섯 번씩 게임과 연습을 하기 시작했다. 이 세 달동안 그의 핸디캡은 12로 올라갔다. 똑똑한 플레이어는 많은 골퍼들이 일주일에 하는 것보다 질 높은 1시간 이상의 연습을 하지 않을 것이다.

계획 A
적어도 일주일에 한두 시간씩 한다.

롱 게임
1. **워밍업** : 허리를 돌리는 타법과 두 개의 클럽을 함께 스윙하는 것, 또는 무성한 잔디에서 클럽을 휘두르는 것 등을 포함하여, 기본 스트레칭 연습으로 근육을 풀어주자.(5분)
2. **기술 연습** : 풀 스윙의 독특한 요소를 연습할 때, 5번이나 6번 아이언을 사용할 것을 추천한다.(정확한 정렬을 확실하게 하기 위해 그라운드에 클럽을 놓아보자) 모든 볼을 칠 때는, 적어도 2타 정도 연습하거나 스윙 연습을 하자. 최대의 볼의 숫자는 40개이다.(30분)그리고 남은 시간을 자신이 문제시하는 부분에 사용하자 - 긴 아이언, 드라이버(5분)
3. **정신력 연습** : 자신의 샷 전의 습관을 고수하기 위해서는, 게임에서 볼을 퍼팅하고 클럽을 적절하게 선택하기 전에 실제 코스에서 친다는 생각으로 연습한다. 또한 무작위로 클럽을 교체해 보고, 수많은 다르고 어려운 상황을 가상으로 설정하고 자신을 시험해 보자.(15분)
4. **마무리** : 무작위로 선출된 목표물에 볼을 피칭할 때, 힘찬 웨지 샷으로 훈련 시간을 끝내자. 자신의 리듬과 클럽 헤드에 대한 느낌을 유지하는 것에 신경을 쓰자.(5분)

쇼트 게임
1. **워밍업** : 진행에 대한 조그만 감각을 얻기 위해 몇 개의 칩 샷과 피칭 샷을 해보자. 볼들을 함께 가까이 모아 놓고, 높이와 샷의 궤도를 다양화하기 위해 클럽들을 계속해서 바꿔본다.(10분)
2. **기술 연습** : 게임에 대한 자신의 지식에 기초하여, 독특한 쇼트 게임 기술을 가져 보자.(즉 치핑, 피칭 또는 벙커 플레이) 그리고 자신의 방법에 의한 기술적 기본 요소를 개선해 보자.(20분)
3. **정신력 연습** : 실제 상황을 가정하고, 실제로 코스에서 플레이를 하는 것처럼 특별한 샷을 적용시켜 보자 - 그것은 칩 샷, 피칭 샷 또는 샌드 샷이 될 수 있다. 실제 목표물을 만들고, 그 결과를 노트에 적어 보자.(15분)
4. **퍼팅** : 쇼트 게임 연습 때마다 퍼팅 연습도 한 차례씩 해야 한다. 당신의 퍼팅에서 가장 주의가 필요한 요소를 결정하기 위해 최초의 동작을 상기해 본다. 그리고 쇼트 게임에서 당신의 스트로크가 더욱 예리해지고 남아 있는 어프로치 퍼트에서의 감각을 향상시키도록 연습한다.(15분)

계획 B
연습할 수 있는 시간이 한 시간 정도인 경우.

1. 워밍업 : 스윙을 위한 근육을 풀어주기 위해서 기본적 스트레칭 연습을 한다. 그리고 감각을 살리기 위해 웨지를 이용한 샷을 많이 해보자.(5분)
2. 풀 스윙 기술 : 중간 아이언으로 시작할 때 일반적인 샷 기술을 이용하고, 특히 리듬과 박자에 초점을 맞추어 보자. 더 긴 클럽들을 가지고 해보자. 모두 5번의 샷을 할 동안 두 개는 완전한 샷으로 쳐보자 - 즉, '어떻게' 보다는 '어디' 에 더 초점을 맞추어 보자.(25분)
3. 코스를 읽고 플레이를 하자 : 자신의 골프 코스에서 실제로 목표물과 샷 전의 습관적 행동에 초점을 맞출 수 있는 친숙한 세 개의 홀에서 플레이를 해보자.(5분)
4. 쇼트 게임에 대한 비중 : 현재 형태를 기본으로 쇼트 게임의 측면을 가져보고, 필수적인 타법과 연습 게임을 이용하여 기술 개발을 해보자.(15분)
5. 퍼팅 연습 : 짧은 거리에서 자기 스트로크의 정확성과 래그 퍼팅을 다루는 것의 두 가지 모두를 할 때 한 시간은 그린에서 퍼팅하도록 하자.(10분)

    나는 내 학생들에게 만들어 준 한 두시간의 기본적 연습 계획의 모형 두 가지를 제시하고자 한다. 나는 당신이 가지고 있는 유용한 어떤 시간이든지, 자신의 연습 과정에 알맞게 조정할 수 있다고 믿는다. 그리고 게임의 독특한 기본 요소를 다룰 때, 가장 필요한 것은 주의력이다. 이상적으로, 나는 2시간을 연습에 투자하기를 제안한다 - 한 시간은 롱 게임을 위해, 다른 한 시간은 쇼트 게임을 위해. 만약 좀더 연습할 수 있는 시간이 있다면, 밖에 나가 따로 몇 개의 홀에서 플레이를 할 수 있는 시간을 갖도록 하자.
    역시 자신의 연습 기간을 일정하게 매일 하는 것도 좋은 생각이다. 당신이 했던 모든 것을 적어놓자. 자신의 변화를 위해 필요한 느낌을 주는 타법이 어느 것인가? 최고로 잘된 특별한 스윙은 무엇인가? 시간이 지나서, 이러한 메모는 자신에게 커다란 이득이 될 것이고, 절정의 컨디션에서 게임을 할 수 있도록 도와줄 것이다. 당신은 자신의 계획을 짜기 위해 몇 분을 써야만 한다. 그 특별한 시간에 자신의 요구와 필요를 알맞게 조정하는 것이다. 예를 들어, 당신이 롱 게임에서 잘 했다면, 쇼트 게임 지역으로 들어가기 전에 풀 샷에 할애하는 시간은 10분 이상 되지 않도록 한다. 강점이 아니라 자신의 약점을 연습해야 한다 - 지금 내가 지적하는 바로 이 점이, 이 전의 과에서 다룬 자기분석 기술의 중요성을 강조해 준다.

어린 플레이어 : 재미를 갖고 게임을 즐기자

나는 자기의 자식들이 골프를 계속하도록 지켜 봐주는 부모들을 만나고, 조언도 해준다. 어떤 부모들은 자식에게 강제로 게임에 임하도록 하는데, 이것은 잘못이다. 아이는 재미를 위해 플레이하기를 원한다. 다른 것은 중요하지 않다. 볼을 때릴 수 있도록 나이를 고려해 주어야 한다. 낡은 4번이나 5번 우드를 버리고, 플레이를 하게 해보자. 집 앞마당에서, 두 살난 꼬마는 작은 플라스틱 클럽을 가지고 플라스틱 공을 치려고 노력한다. 너무 어리다고 시작할 수 없는 것이 아니다.

숙련자들은 짧지만 밀도 높은, 가장 효과적인 연습을 한다 - 기껏해야 스윙 이론은 20분 정도이다. 그리고 내가 어린 플레이어들을 지도할 때, 나는 극단적으로 최소화해서 기술을 상세히 소개한다. 본질적으로 그립의 기본과 준비 자세는 중요하다. 그리고 그들이 완성된 이론을 필요로 하는 것은 아니다. 대신에 그들에게 또 다른 좋은 플레이어의 샷을 보여 주어야 한다. 아이들은 흉내를 매우 잘 낸다. 그들은 좋은 동작을 이해하고 그것을 베낀다.

아이들의 스윙 동작은 그들이 보다 크고 강한 모습을 얻음으로써 변화할 것이다. 그러나, 일생 동안 플레이어로서의 모습을 알고 느껴야 한다. 이것은 당신이 그들을 쇼트 게임에 참가시켜야 하는 중요한 이유이다. 경쟁을 조성해 보자. 친구들과 플레이를 하게 해보자. 짧은 거리에서부터, 볼을 컨트롤하는 것을 그들이 경험해보도록 하자. 그들은 반복 스윙을 통해서 손과 눈을 일치시키게 될 것이다. 이것은 자녀와 시간을 보낼만한 유익한 것이다. 그리고 그들을 그들 자신의 페이스로 가게 하자.

▼ 데이비드 리드베터와 그의 아이들 ▶ 어린 아이가 11살이나 12살에 이르렀을 때, 좀더 독특한 연습을 해야만 한다. 그리고 나서 그들이 골프를 치는 것에 대해 신중해진다면, 그들의 교육을 책임질 수 있는 좋은 선생을 찾아서 그들의 재능을 살려 준다.

게임에 대한 긍정적인 마음가짐

기구의 이용 : 배울 수 있는 경험을 더욱 심화해 보자

플레이어에게 좋은 연습 습관을 형성하게 하고 감각이나 느낌을 높여주기 위해서, 나는 훈련 기계를 10년동안 많이 디자인했다. 그것들은 배우는 데 도움을 주는 기구이다. 마치 연습할 때 자신의 자세를 잡아볼 수 있는 거울이나, 좋은 골퍼로서 필요한 근육을 만들고 개발시키기 위해 도움을 주는 스윙 연습기같은 내가 가르칠 때 사용했던 이런 도구들은, 우리가 느낌이라고 부르는 매우 미묘한 수준을 인식할 수 있게 나를 도와준다. 연습할 때, 스윙의 체계를 느끼는 것과 그것들을 반복하는 것은, 우리가 이것들에 대해 단순히 생각하는 것보다는 더 쉽게 그것들을 유지할 수 있다는 사실을 명심해야 된다. 내가 가르쳤던 많은 투어 플레이어들은 그들의 연습에서 이러한 도구를 이용하고 있다. 이러한 훈련으로 자신의 목적을 이룰 수 있도록 당신에게 도움을 줄 수 있는 것을 내가 만들었다는 것은 나에게 있어 가치 있는 경험이다. 실제로 연습하는 것은 게임 안에서의 게임이다. 이것은 동시에 보답과 만족감이고 도전과 때때로는 실망이다. 그리고 무엇보다도, 골퍼로서 최상의 위치에 이르기를 원한다면, 이러한 연습은 필수적인 것이다.

◀ 좋은 스윙의 감각을 평가하고 배우는 학생을 도와주기 위해 내가 만든 수많은 도구 중의 하나인 '코치' 기계.

골프를 위한 적응 : 힘과 유연성을 위한 훈련

내가 가르치는 중에 찾아냈던 것의 하나는, 많은 플레이어들이 스윙할 때 육체적으로 어떤 위치에 잘 도달하지 못한다는 것이다 - 가장 주목할 만한 것은 막 백 스윙을 끝마치고 나서다 - 그들이 완전한 회전을 하기 위한 필수적인 유연성과 추가적인 것들을 그들이 가지고 있지 않다는 것이 간단한 이유이다.

나는 항상 합리적으로 알맞은 것이, 좋은 스윙을 만들고 일치된 게임을 유지하게 해준다고 느낀다. 벤치 프레스 300개와 일주일에 10마일을 뛰는 것을 제안하는 것은 아니다. 그러나 어떤 기본적 연습을 하는 것은 일반적인 힘과 유연성을 기르게 한다. 이러한 힘과 유연성은 스윙과 18홀을 전부 소화하기 위한 스테미너에 도움을 준다.

걷는 것은 가장 자연스러운 연습이다. 그리고 일반적인 보행은 - 일주일에 세 번씩 2~3마일을 걷는 것은 - 일반적인 적응 수준에 대단히 효과적이다. 심장 박동을 빨리 하는 것은 피의 순환을 증진시키는 것이다. 조깅이 모든 사람들에게 유용한 것은 아니다. 그러나 활발한 걸음은 다리를 강하게 유지시켜 주고 정신적으로나 육체적으로 적절함을 유지시켜준다. 당신은 이것에 대해 좀더 좋게 느낄 뿐만 아니라, 18홀 코스 전역에서 좀더 철저히 집중할 수 있게 될 것이다.

보통 내가 연습할 때, 나는 적응의 가치를 크게 믿는 편이다 - 단지 골프만을 위한 것이 아닌 삶의 질을 향상시키기 위한 것이다. 그들이 아직 이런 적응력 향상 연습을 가지고 있지 않다면, 나를 만나러 오는 플레이어들에게 연습 계획의 종류를 개발해야만 한다고 말한다. 이것은 좀더 나은 상태로 만들기 위한 훈련을 도와준다. 그리고 연습 계획의 자연스런 일부분이 되도록 해야 한다. 각각의 영역에서 전문가 두 명의 도움에 의한 - LEG 스포츠 과학 그룹에서 스트레칭과 유연성의 전문가인 크리스 베르나, 그리고 강화와 훈련에 대한 자문역할을 하는 팻 에치베리 - 어떤 생각들은 몸이 본래의 상태를 유지하도록 도와준다. 그리고 최상의 골프를 하게 만들어 준다. 이런 것은 비싼 장비가 그렇게 필요 없기 때문에, 집에서도 쉽게 연습할 수 있다.

유연성 증대

내연성 개발을 위한 비밀은 여기에서 보여지는 연습에 많은 시간을 어떻게 사용할 것인가에 의해 결정되어지는 것은 아니다. 일괄된 연습 패턴이 가장 중요하다. 그리고 이것이 내가 10~15분 동안 하루 두 번씩 반복하는 연습 동작을 장려하는 이유이다. 나는 아침 목욕 후에 스트레칭하기를 권한다. 또 게임 전에 하는 워밍업 동작의 일부분으로써 스트레칭을 해보고, 다시 저녁에 하거나 골프를 친 후에 스트레칭 하기를 권한다.

만약 스윙을 바꾸거나, 완전한 회전을 하는 데에 문제를 가지고 있다면, 그것은 당신을 뒤에서 붙잡는 육체적 한계 때문이다. 그러므로 이런 연습을 해보자. 그리고 게임에 유익한 도움을 주는 근육과 관절을 유연하게 해주자. 이 워밍업 동작은 몸의 근육을 균형 되게 도와주고, 유연성을 증진시켜줄 것이다. - 크리스 베르나

좋은 자세를 위한 쪼그려 앉기 연습 :
앉았다 일어났다 하는 동작은 넓적다리의 피의 흐름을 도와주고, 일반적으로 건전한 운동 자세를 익힐 수 있게 도와준다. 자신의 어깨를 가로지른 클럽을 잡고, 보통의 자세로 앉는 자세를 취해보자. 자신의 무릎을 구부리고 앉았다 일어설 때 자신의 넓적다리 사이에 생기는 압박감을 느껴보자.

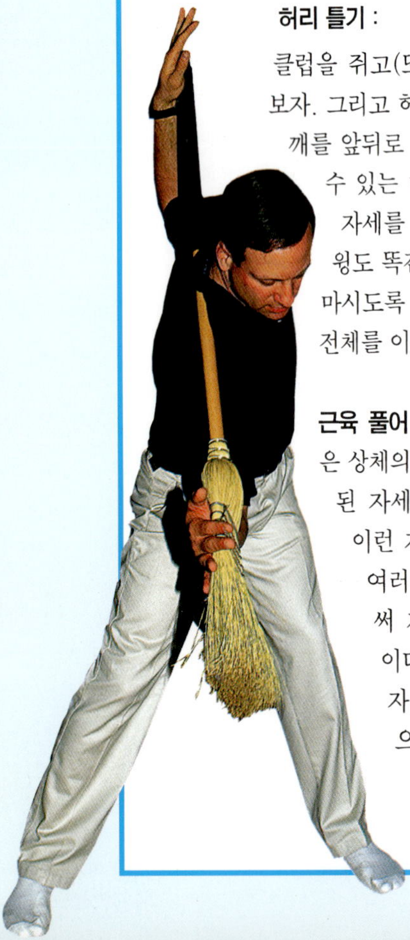

허리 틀기 :
클럽을 쥐고(또는 빗자루를 들고)어깨에 걸쳐 보자. 그리고 허리 틀기 동작을 한번 해보자. 어깨를 앞뒤로 90도 정도 틀어 보자. 당신이 할 수 있는 한 최대로 해보자. 15초 동안 그 자세를 유지하다가 다시 원위치한 후 스윙도 똑같이 해보자. 이때 깊게 숨을 들이마시도록 노력해야 한다. 이런 운동은 몸 전체를 이완시키는 데 도움을 줄 것이다.

근육 풀어 주기 : 다리 근육을 풀어주는 것은 상체의 좋은 회전을 뒷받침해 주고 안정된 자세를 만들기 위해 매우 중요하다. 이런 자세를 위해서는 똑바로 선 다음, 여러분의 무릎을 약간 뒤로 옮김으로써 자신의 허벅지 앞으로 당기는 것이다. 이 자세를 15초간 유지해 보자. 두 번씩 하고 난 후에 다른 쪽으로 바꾸어 다시 해보자.

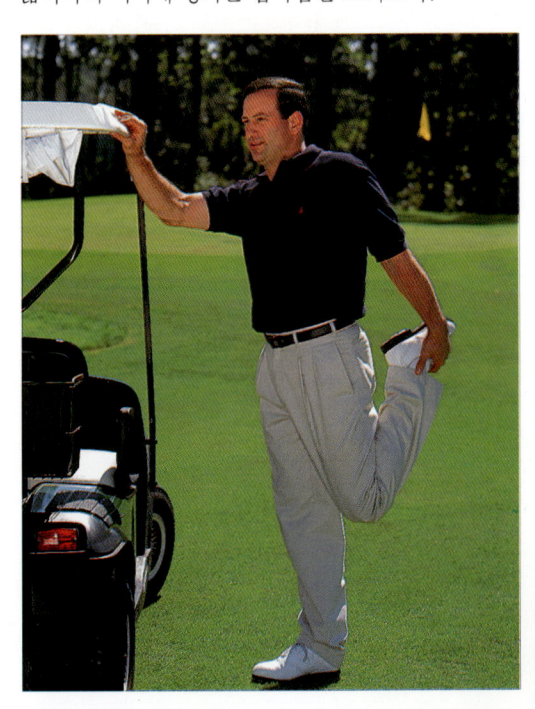

어깨 근육 풀기 :

좋은 자세를 잡고 엉덩이와 어깨가 같은 위치에 오도록 상체를 구부린다. 그리고 사진에서 보듯이 자세를 취해 보자.(다른 쪽으로 자세를 취해보아도 마찬가지다) 어깨가 자신의 몸과 직각을 이루도록 하고, 밀고 당겨보자. 이것은 상체의 긴장을 없애기 위한 훌륭한 방법인데, 스윙 시에 좀더 완전한 회전을 할 수 있도록 도와준다

다리 근육 풀기 :

안전한 곳에 발을 올린 후 다리를 곧게 펴고, 몇 초간 이 자세를 유지한다. 이때 자신의 다리 뒤쪽의 오금이 풀리는 것을 느낄 것이다. 이 자세를 15초간 유지하고 나서 원위치해 보자. 그리고 다른 쪽 다리도 해본다.

다리 근육 풀기 :

클럽을 잡고 똑바로 선 다음, 몸을 먼저 오른쪽으로 아치를 그리면서 구부려보자. 그리고 왼쪽으로도 구부려 보자. 이렇게 할 때, 양쪽 다 몇 초간 스트레칭 자세를 유지해 보자. 한쪽마다 5번씩 반복해 보자.

등 근육 풀기 :

손이 12인치 정도 떨어지도록 클럽을 잡고, 사진에서 보는 바와 같이 손을 아래쪽에 위치시키고 오른손 위쪽으로 위치시켜보자. 그리고 나서, 좋은 자세를 취하고, 몸통을 부드럽게 앞뒤로 움직여 보자. 자신의 팔은 곧게 펴야 한다. 이것은 척추를 따라 등 가운데 부분을 풀리도록 도와준다.

힘을 키우기 위한 연습

나는 골프에서 가장 뛰어난 여러 선수들과 함께 여러 해 동안 골프를 해왔다 - 닉 팔도, 닉 프라이스, 그리고 아놀드 파머 등을 포함해서. 이런 플레이어들은 티 연습 때, 그들이 볼을 치며 보내는 시간들과 혹독한 72홀 토너먼트를 견딜 수 있는 좋은 육체적 조건의 중요성을 잘 알고 있다. 이런 것은 주목할 만한 사실이다. 그들의 공통된 일반적 목표는 크기가 아니라 힘을 키우는 것이다.

골프에서의 많은 문제들은 서툰 회전 동작과 약한 복부 근육, 그리고 유연성의 부족 등에 의해 일어난다. 만약 당신이 기술적으로 달성하기 원하는 것을 육체적으로 받쳐주지 못한다면 전투에서 패배할 것이다. 그러나 단지 10~15분 정도의 시간 안에 이러한 연습 효과를 달성할 수 있게 도와주는 쉬운 몸 동작이 여기 있다.

먼저, 경고의 말인데, 만약 정상적인 연습을 하지 않았다면, 천천히 시작해야 하고 점차적으로 반복해야 한다. 나는 이런 연습을 일주일에 두 번이나 세 번 정도 반복하는 것이 적당하다고 믿는다 - 이렇게 해보면, 육체적 조건의 극적인 개선도 기대할 수 있을 것이다. - 팻 에치베리

복부 근육 강화 : 이것은 복부를 강화하기 위한 최고의 방법 중 하나이다. 평평한 곳에 등을 대고 손은 머리 뒤로하고 시작해 보자. 그리고 나서 가능한 한 머리를 들어올리도록 하자. 당신은 즉시 관계된 근육들을 느낄 수 있을 것이다. 원위치했다가 반복해 보자. 10번 정도 반복하는데, 그 사이에 1분 정도 쉬도록 하자.

계단 밟기 : 소품으로 의자를 이용해 계단 밟기를 반복해 보자. 먼저 오른발을 10번 정도 반복해서 의자에 올렸다 내려놓자. 그리고 반대로 왼쪽도 그렇게 해보자. 이런 동작을 1~3번 정도 반복한다.

하체 근육의 스트레칭 : 엉덩이에 손을 대고 처음에는 서 있다가, 긴 스텝을 밟으며 다리를 벌려보자. 이런 자세를 몇 초간 유지해 보자. 이 운동은 장딴지의 뒤쪽 근육과 오금 부분의 근육에 효과를 주는데, 좋은 스윙을 위해 필요한 것들과 다리를 강하게 만들어 준다. 원위치했다가 반복해 보자.

몸 들어 올리기 : 등뒤로 한 손과 발을 가지고 평평한 곳에 배를 깔고 누워보자. 그리고 나서 '구부리기'를 해보자 - 자신의 발과 머리를 들어 올려보자.(마치 나는 것처럼) 10초간 이런 자세를 유지해 보자.

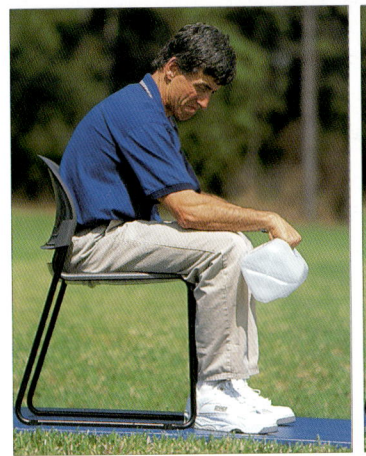

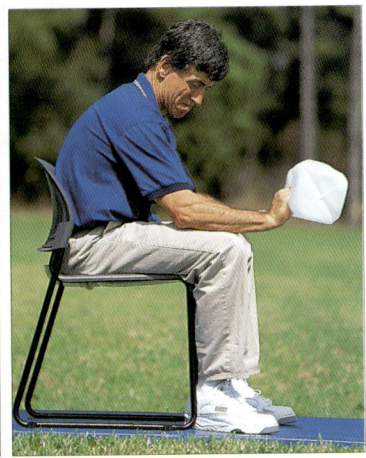

손목 운동 : 만약 집에 특별히 무게 있는 물건이 없다면, 물로 가득 찬 물통을 가지고 해보자.(편안함을 느낄 수 있는 무게로) 기본적 손목 운동으로 자신의 팔뚝과 손목 근육을 강화해 보자. 넓적다리에 팔뚝을 올려놓고, 손목을 위아래로 움직여 보자. 20번 정도 이 운동을 해보자.

몸통 회전 : 어깨 높이로 양손에 물통을 잡고 들어 올려보자. 그리고 손에 잡은 물통을 앞뒤로 움직이게 하는 회전 동작을 가지고 몸통을 회전시켜보자. 1~3번 정도씩 15번을 반복해 보자.

어깨 풀기 : 어깨를 쫙 펴고 앉아 자세를 잡은 후 앞으로 구부리고, 무게가 가해진 양손을 어깨 높이 만큼 들어 올려보자. 천천히 해야만 하고, 이 무게에 의해 받는 압박감이 근육을 풀어주는 것을 느껴보자. 1~3번 정도씩 15번을 반복하자. 손에 든 물통을 들어올릴 때, 잔디에 그 속의 물을 쏟아 붓는다는 상상을 해보자 - 자신의 팔과 어깨를 마지막까지 정확히 해보자.

데이비드 리드베터의
최종연습

1판 1쇄 | 1999년 3월 10일
1판 5쇄 | 2005년 6월 30일
저　　자 | 데이비드 리드베터
발행인 | 김　인　태
발행처 | 삼호미디어
등　　록 | 1993년 10월 12일 제21-494호
주　　소 | 서울특별시 서초구 반포1동 718-8 ☏ 137-809
　　　　　www.samhomedia.com
전　　화 | (02)544-9456(영업국) / (02)544-9457(편집기획부)
팩　　스 | (02)512-3593(영업국) / (02)512-3501(편집기획부)
정　　가 | 25,000원

ISBN 89-7849-157-× 03690

출판사의 허락 없이 무단 복제와 무단 전재를 금합니다.

잘못된 책은 바꿔 드립니다.